U0569750

跟着地名读上城

上城地名拾萃

杭州市上城区民政局 编著

浙江工商大学出版社·杭州

图书在版编目（CIP）数据

上城地名拾萃 / 杭州市上城区民政局编著. -- 杭州 ：
浙江工商大学出版社，2025. 6. --（跟着地名读上城）.
ISBN 978-7-5178-6417-2

Ⅰ. K925.54

中国国家版本馆 CIP 数据核字第 20242GB322 号

上城地名拾萃

SHANGCHENG DIMING SHICUI

杭州市上城区民政局 编著

出 品 人	郑英龙
策划编辑	沈　娴
责任编辑	费一琛
责任校对	李远东
封面设计	观止堂 _ 未氓
责任印制	屈　皓
出版发行	浙江工商大学出版社
	（杭州市教工路 198 号　邮政编码 310012）
	（E-mail：zjgsupress@163.com）
	（网址：http://www.zjgsupress.com）
	电话：0571-88904980，88831806（传真）
排　　版	大千时代（杭州）文化传媒有限公司
印　　刷	浙江海虹彩色印务有限公司
开　　本	787 mm × 1092 mm　1/32
印　　张	9.625
字　　数	146 千
版 印 次	2025 年 6 月第 1 版　2025 年 6 月第 1 次印刷
书　　号	ISBN 978-7-5178-6417-2
定　　价	78.00 元

本书编委会

主　　编：薛迓冰

执行主编：黄　炜　　魏维军　　周燕敏　　方晓阳

撰　　稿：顾国泰　　刘平安　　倪建华

前　言

　　地名是地域文化的载体。作为一种特殊的文化符号，它以其独特的方式记录着人类社会的发展历程，传递着丰富的文化信息。

　　上城区是杭州历史文化底蕴最深厚的区域，是宋韵文化、吴越文化、钱塘江文化的重要承载地和南宋皇城大遗址所在地。从东晋咸和三年（328），钱唐县治落址凤凰山东麓起，今上城区所在区域作为杭州城市中心的地位便逐渐巩固。吴越国至两宋时期，该区域作为首善之区发展至巅峰，直至元明清时仍然是杭州城区重要的组成部分。

　　上城区的地貌多样，北有皋亭耸立，东南有钱塘江奔涌，西则有风姿绰约的湖天一碧。上城区的人民勤劳、勇敢、智慧，抗潮的英雄、筑塔的能工、御敌的名将、经商的巨贾、苦吟的墨客等，无不在此留下印迹。

神奇的土地、深厚的积淀，对应的是丰富多彩的地名文化资源。其每一个地名都仿佛是一本厚重的史书，镌刻着岁月的痕迹。

要想在有限的篇幅中，对域内地名文化予以充分的展示，无疑是一项极具挑战性的任务。而如果延续既往模式，完全按照行政区划来加以论说，又不免落入窠臼。写作团队经过深思熟虑，决心守正出奇，对应辖区三大核心文化，提出"一江二时代"的叙述提纲。

"一江"，即钱塘江。

杭州的母亲河是钱塘江，上城区的钱塘江段是钱塘江北岸的精华区段。古有"金江干"之美誉，今有"钱江新城"的胜景。滨水而居，伴江成长，上城区的发展离不开钱塘江的哺育。钱塘江和其相连的水道，构成了上城区商贾云集、物流汇聚的生命线。历史上，钱塘江岸变迁巨大，所以，团队不仅实地走访了沿江的南星、紫阳、望江、四季青、彭埠、九堡6个街道，还有针对性地考察了采荷街道的观音塘、凯旋街道的断塘头、清波街道的伍公庙等处，"江、塘、潮"三位一体，对域内相关地名做了全面的搜集和整理。

"二时代"，即吴越和赵宋。

吴越时期，钱镠以下三代五王，保境安民，奠定了后来杭城的繁荣基础。上城区作为"腰鼓城"的重要组成部分，北面皋亭要防范外敌的南下袭扰，东南江岸要抗御潮水的汹涌冲击，西面湖滨则面临着抉择：治湖引渠利民还是填湖筑宫享乐？尽管千头万绪，但当时的统治者仍采取了以民为本的政策，同时推崇佛教，遂成"东南佛国"之盛景。"临安三志"在时代上与吴越最近，团队在写作时，结合其中有关史料，对以上要点中的地名，特别是研究者较少涉及的吴越宗教地名进行了专题爬梳。

北宋的杭州府，特别是南宋的临安城，可谓"九里皇城、十里天街"，此时是古代这座城市发展最为辉煌的时期，当然也是上城区城乡发展的顶峰阶段。地方文献、各种历史专著对宋代杭州的记载已经汗牛充栋，对杭州宋韵的阐释亦俯拾皆是。这本书，还有没有可能道他人之未言？写作团队经过研究后欣喜地发现，域内在宋代，恰好形成皇城和城东两大风韵迥异的地块。这种格局，如果能做出富有意味的对比，无疑会为读者带来别样的阅读体验。为此，写作团队做出尝试，充分利用多年来搜罗累积的素材（特别是城东笕桥、闸弄口、丁兰等街道的资料），希望能在文字中为读者搜寻到市味、打捞到乡愁。

上城区作为"一江二时代"的主要区域，肩负着传承并延续历史文脉、彰显城市特色的重任。整理、挖掘相关地名文化，不仅可以为区域发展提供深厚的文化支撑、增强居民的文化认同感和归属感，而且有助于塑造上城区独特的城市形象、提升城市的吸引力和竞争力。例如，在区域规划中融入相关地名文化元素，开发具有文化特色的街区和景点，能吸引更多的投资和人才，推动区域的可持续发展。独特且富有内涵的地名还能够成为区域的文化名片，吸引更多的游客前来探寻，带动旅游业及相关产业的发展。

2021 年 4 月，老上城区与江干区进行了合并。4 年多来，新的上城区在融合中砥砺奋进。面对日新月异的变化，写作团队深感有必要、有责任写出一本匹配这份精彩、呼应融合发展时代主题的地名文化精品图书。

地名文化，最终要传达的是彼时彼地居住、活动着的"人"与他们的思考、创造和精神面貌。努力将上城区地名文化中的"人"写好，努力将其中蕴含的"建筑、艺术、文学、饮食"等诸多文明成果展示好，努力将其中蕴含的"孝道、忠诚、廉洁、宽恕、尊老"等诸多传统价值与现代社会的价值观衔接好，是本书写作的初衷和追求的目标。

地名无言，写作团队在与之对话的同时，自身也在思考与成长。

写作团队对地名文化的理解，是立足于文化，侧重于历史和地理事实的。因此，写作团队将更多精力花在对史料和论述的考辨上。有时宁可舍弃一点点可读性，也希望能写出自己的思考。

其实，真实的历史本就蕴含诸多精彩细节，地名的活色生香也大有拓展空间。限于写作者自身的学养和积累，仓促之间，只能诚心诚意地表述所见所得。展现在读者面前的作品，是写作团队充分敬畏历史、尽力凝聚智慧而形成的集体成果，希望各位喜欢，并请批评指正。

以下是关于本书的几点说明。

1. 目录仿《湖山便览》等体例，罗列章节内涉及的具体地名，其中包含部分今已消失的历史地名，尤以寺观地名居多。

2. 吴越与宋代在时间上紧密衔接，为避免重复，历史地名（特别是寺观地名）中，凡初创年代为吴越者，如因果院、福济院、龙居寺等，划入"吴越地名文化"中进行叙述。

3.另有部分地名，如三茅观，因各篇所叙侧重不同，则分别予以保留。

4.域内行政区划变动剧烈，涉及历史名称且易混淆者，一般在前面标注"原"字样。

目　录

第一篇
宋韵地名文化

第一章　皇城及周边地名
第一节　皇城坊巷宫观地名

第二节 与名人市井相关地名

第二章　城东宋韵地名

第一节　机场路沿线地名

第二节　笕桥一带地名

第三节　其他城东宋韵地名

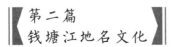

第二篇　钱塘江地名文化

第一章　与海塘相关地名
第一节　汉代以来钱塘江海塘修筑及主要海塘地名

第二节　与潮相关宗教地名

第三章　其他与钱塘江相关地名
第一节　渡口码头、埠、闸

第二节　与钱塘江相关的山河（湖）

第三篇　吴越地名文化

第一章　吴越城市地名
第一节　为有源头活水来——上城的千年古井

第二章　吴越寺观地名

第一节　城内寺观

第二节　城东寺院

第一篇

宋韵地名文化

顾国泰

宋，是我们绕不开的一个朝代。那时的文化绵延至今，已经成为杭州的一部分底色，杭州人的基因里已深深烙下宋的各种印记。宋室南迁后，在政治、经济、文化、风俗等各方面，对杭州实实在在地产生了影响，受影响的自然包括地名。一个湮没于时间碎片中的古地名的还原，往往意味着一段历史的复活，把它们细细梳理，并加以拼接，是一项值得去做的工作。

地名是「城市的钥匙、历史的索引、时代的影子」，我们应随着「新上城」的变化对其进行必要的整合。跟着地名解读「新上城」，相信能增进对其演化历程的了解。

南宋时，杭州衙署遍布全城，官吏散居各处，其所建寺观庵院及园林别墅极多，而街巷遂多以之得名。上城区系南宋皇城所在地，堪称杭州文化遗产最丰富的区域。

两宋时期，有多少风流人物，在杭州留下珍贵的足迹。作为历史文化名城，它的历史可以用一连串的历史名人来串联：苏轼、韩世忠、岳飞、施全、陆游……他们往日真实的活动轨迹，见证了其忧国爱民的情怀。

南宋临安城，繁华富庶。城内商业发达，五行杂处。许许多多的行业聚集在一起，形成店多隆市的盛况。如高银街、斗富桥（又称"豆腐桥"）、官巷口、元宝街……这些地名涵盖了老百姓衣食住行的方方面面。

第一节　皇城坊巷宫观地名

德寿宫

　　德寿宫南起望仙桥直街，北至佑圣观、水亭址一带，西沿中河从望仙桥至三圣桥以北河段，东至临安府的东城墙，属南宋皇宫区域，俗称"北内"。

　　德寿宫坐北朝南，当时占地约 17 万平方米，是宋高宗为太上皇时，利用秦桧相府改建的养老之所，其布局与皇城相似，宫中建有德寿殿、后殿、灵芝殿等 10 余座气势恢宏的殿院，还有大量精美的园林景观。其中，"小西湖"仿大内之"大龙池"，孝宗曾写《冷泉堂》赞之。

　　孝宗让位后居住于此，德寿宫改名重华宫。后又因吴太后、谢太后之故更名为慈福宫、寿慈宫。2001—2017 年，文物考古专家分 4 次对德寿宫遗址进行考古发掘。2022 年 11 月 22 日，南宋德寿宫遗址博物馆正式对外开放，属当地地标性建筑，如今已成"网红"打卡之地。

南宋御街

南宋御街南起皇城北门和宁门外,经朝天门(今鼓楼)、今中山中路,至今中山北路、观桥(今贯桥)折西到今凤起路、武林路交叉口,为南宋临安城的中轴线,全长约4185米。

南宋时期,御街别称天街、大街,是皇帝到景灵宫(今武林路西侧)朝拜祖宗时的专用道路。祭祖仪式举行3日——皇帝沿御街到景灵宫行朝献礼,住一晚后返回太庙(今鼓楼附近)再住一晚,之后到城外的郊坛祭天,住一晚后返回皇宫。

"十里御街"大致分3段:首段从万松岭到鼓楼(政治中心);中段从鼓楼、羊坝头、官巷口到众安桥(商业中心);尾段从众安桥至武林路、凤起路路口。这3段形成商贸与文化娱乐相结合的街区。

御街铺石板,两侧路口各建木坊,当时热闹异常,有诗云:"楼角犹吹笛,天街又走车。客眠终未稳,人语已争哗。"后"居民侵占,官道遂狭",面目全非。民国时该路段进行了拓宽并铺设沥青。1945年为纪念孙中山,改称中山路。

2009 年"十一黄金周",鼓楼至西湖大道段,长约900 米的御街被设计为步行街,南宋时沿街熙熙攘攘的历史场景得以艺术化再现。

长生路

《说杭州》载,长生路"以长生老人桥得名,宋代旧名也。今略作长生桥"。南宋绍兴年间,桥西建霍使君庙,又名显忠庙,奉祀西汉博陆侯霍光。明清时,该地称显忠庙街和显忠庙巷。

清初,该地被圈入旗营内;民国时,更名为长生路。今长生路东起浣纱路,向西穿越南北向的延安路、东坡路,至湖滨路,长约 807 米,宽约 8.5 米,为沥青路面。

梅花碑

梅花碑既是路名又是地名。路有南北两条并列的通道,均西起佑圣观路,东至城头巷,南通道连长寿弄,北通道连水亭址。浙江省交通运输厅、浙江省水利厅、浙江省水文管理中心等单位驻此。作为地名，梅花碑泛指这两条路之间和附近的地域。

南宋时，此地为德寿宫后圃。明初，在此设署理木税的南关工部分司。明末，潞王来杭居于南关工部分司内。当时该署庭院内有梅树和芙蓉石等景物，因而议事厅有"梅石双清"的题额；厅南有一石碑，上面刻有明代著名画家蓝瑛和孙杕合画的梅花与石，称为"梅花碑"。乾隆皇帝第四次来杭，见到此碑后十分喜爱，将碑移至北京圆明园内，另摹一石留在杭州。民间遂称此地为"梅花碑"。

万松岭、万松岭路

万松岭位于凤凰山北麓，为城南至西湖的一条捷径。《西湖游览志》卷七载："万松岭，夹道多巨松，在唐时已有之。"白居易诗云："万株松树青山上。"南宋筑皇城于凤凰山，时此路拓为大道。宋亡后宫毁，路旁松树被砍伐殆尽。清雍正八年（1730），因该岭为省城南北上下通衢，宜培植松木，当局者补植万松，以还旧观。时以"凤岭松涛"列入清西湖十八景之一。

皇城北门和宁门，位于万松岭路和凤凰山路交叉口。《梦粱录》云："内后门名'和宁'，在孝仁、登平坊巷之中，亦列三门，金碧辉映。"和宁门外当时有鲜花市场，杨万里诗云："君不见内前四时有花卖，和宁门外花如海。"风雅之士纷至沓来，此市场盛景可作见证。

万松岭路东起凤山路北端，与凤凰山路、中河路相交，西至南山路南段，路长约 1892 米，路宽约 9 米，为沥青路面。因路紧靠万松岭，故名万松岭路。1928 年建拱三路（拱宸桥至三廊庙）时，拓宽成碎石路面的车行道。1964 年改铺沥青路面。1981 年再次拓宽，定名为万松岭路。

凤凰山

凤凰山位于城西南，西接慈云岭。主峰海拔约 178 米，亦名凤山。从高处俯视，山势如展翅欲飞的凤凰，故得名。吴越时以杭州为国都，在凤凰山麓隋唐州治故址筑皇城九里。北宋时此处为州府所在，南宋以杭州为"行在所"，综合考虑安全、漕运便利、风景秀丽等因素后，定皇城行宫于此。

大内有城门 3 座，南称丽正，北为和宁，东曰东华。皇城内，宫殿宏伟壮丽，有垂拱殿、选德殿、福宁殿、勤政殿、复古殿等殿，以及堂、楼阁 130 余座。"方圆九里之地，兴建殿堂四、楼七、台六、亭十九"，此外还有华美的御苑延伸至凤凰山巅。还有人工仿造的"小西湖"，有"六桥""飞来峰"等风景构筑。

南宋灭亡后，宫殿多改作寺院；元至元十四年（1277）凤凰山殿宇被焚毁大半；元末张士诚新筑杭州新城垣，将凤凰山拦在了城外；明末，凤凰山已沦为人迹罕至的荒芜之地。

馒头山

馒头山（今杭州国家基准气候站所在地）位于上城区南部，坡缓顶平，状若馒头，故名。馒头山社区今属南星街道。附近有馒头山路。

馒头山为南宋皇城东界，山上有南宋宫廷候台原址。《梦溪笔谈》《宋史·律历志》《宋会要辑稿·职官》等史书记载，南宋负责气象工作的机构"外有太史局崇天台，内有翰林天文院，日具祥变，各以状闻，以参校异同"，不仅观察"天文气祲之异"和"云物祺祥"，还判断凶吉及水旱丰荒等。太史局崇天台也称禁台、清台，位于吴山山顶。禁城内则建宫廷候台，归翰林天文院掌管，位于馒头山。

八卦田

八卦田位于杭州西湖风景区东南侧玉皇山南麓，是地标性景观。明《西湖游览志》载："宋藉田，在天龙寺下，中阜规圆，环以沟塍，作八卦状，俗称九宫八卦田者，至今不紊。"

清《湖山便览》载：南宋绍兴"十六年正月，亲飨先农坛，礼毕，行躬耤。自是岁祀于此。有思文殿、御耕位、观耕坛。"宋高宗赵构当年为表示对农事的尊重和对丰收的祈祷，采纳礼部官员的提议，开辟籍田于国都南郊（今八卦田遗址处），从那时起，每年春耕开犁之时，皇帝都亲率文武百官到此行"籍礼"，执犁三推一拨，以祭先农。

至明代，八卦田成为杭城著名景点。

乌龟山、老虎洞

乌龟山在栖云山南数百米，两山之间有土路互通，乌龟山海拔约 73 米，有郊坛下窑址，为全国重点文物保护单位。该窑址自 20 世纪 50 年代开始发掘，发现有窑炉、大型作坊，出土瓷片数万件、工具窑具数千件。宋室南渡后，首先在老虎洞修内司窑烧制官窑瓷器，不久因地方狭隘，于乌龟山郊坛下再建官窑。1990 年，乌龟山下南复路侧建成南宋官窑博物馆。

万松岭路南侧，有修内司窑遗址。1996 年被发现，1998—2001 年进行 2 次较大规模的考古发掘，共清理龙窑窑炉 3 座、小型馒头窑 4 座、作坊 10 座、澄泥池 4 座、辘轳基座坑 12 个、釉料缸 2 口、开采原料的矿坑遗迹 2 处及瓷片堆积坑 24 个，揭示了南宋官窑的组织形式及生产流程。遗址东 300 米处有南宋皇城城墙遗迹。

关于修内司窑，历史文献多有记载。其中，以南宋叶寘的《坦斋笔衡》和顾文荐的《负暄杂录》为最早，以明初曹昭的《格古要论》较为明确与具体。临安三志中，乾道《临安志》云"修内司壮役等指挥营，在万松岭下"，咸淳《临安志》云"提举修内司,在孝仁坊内青平山"。一度,修内司窑究竟设于何处疑云重重。1996年考古新出证据,坐实了老虎洞即为修内司窑遗址。

粮道山

粮道山北起河坊街,南折,沿山势盘旋而上,向西转后往东南达吴山城隍阁(旧称庙街)。宋时称峨眉山、浅山。《西湖游览志》载:"浅山,有漾沙坑、紫坊岭。宋有七官宅、杨后宅、大佛寺,后改为粮料院。"《湖山便览》载:"浅山在峨眉山稍东,俗呼管米山。《临安志》云:山在漾沙坑。"宋时因建太庙,管理诸司诸军粮料院署迁于此,故称米山巷、粮道山巷,简称粮道山,路名延续至今。

粮道山巷为山半之通路,路中上八眼井为杭州市市级文物保护单位。

太庙巷

太庙巷东起中山南路南段,西折北,接大马弄,通宝莲山。南宋时称保宁坊、保民坊，因此地建有南宋皇帝的宗庙，民间俗称太庙巷、庙巷并沿袭至今。1966年改名韶山巷；1981年复名太庙巷。

杭州太庙源于南宋绍兴五年（1135），司封郎中林待聘上疏"太庙神主，宜在国都"，宋高宗诏令临安府尹梁汝嘉择地兴建太庙。绍兴七年，宋高宗移跸建康（今南京），将神主牌也迁往建康，临安太庙改名圣祖殿。是年年底，宋高宗复回临安，复名太庙。南宋景定五年（1264），诏令太庙四周的居民宅舍及粮料院等机构迁出，并进一步依山拓建。南宋咸淳元年（1265），再建二层之台，为奉神主出入之地，至此临安太庙趋于完善。太庙分为十三室，每一室祭一帝神主，神主两旁有配享（附祭）功臣。元时太庙毁圮。

1997年，旧城改造开挖住宅地基时，发现太庙遗址部分基础，随后进行保护。杭州太庙之大为国内罕见，该地已被列为全国重点文物保护单位，辟作"太庙遗址公园"。

察院前巷、大马弄

察院前巷东起中山南路，西至太庙巷，通丁衙巷，中折北出城隍牌楼巷,可达瑞石山。南宋时,左右仆射（丞相）府在此,前有大渠,安水桥跨其上。《都城纪胜》记述该处春秋佳日之盛况:"若遇车驾行幸、春秋社会等,连檐并壁,幕次排列。此外如执政府墙下空地诸色路岐人,在此作场,犹为骈阗。"元时,此地为南察院（监烧缗钞御史居于此）,故称察院前巷,俗呼察院前。

《杭州的街巷里弄》写道:"大马厂巷,北起高士坊,南塞。南宋时为和宁门北的孝仁坊,负责封赠和诰命的官诰局也设在这里。清代改为大马厂巷。巷名自南宋延续至今。"南宋时,马军司设于此。司农寺、将作监等衙署亦在其左右。

三衙前

南宋定都杭州后,凤凰山为皇宫所在地。临安府衙设在清河坊附近,经元、明、清三朝,始终未曾易址。三通判衙,指南、北、东三通判厅。南宋初,临安府设两通判,淳祐间增至三。通判是州府的副长官,民政、财政、户口、司法等事务文书,须由通判与知州或知府联署才可生效。战时,通判还负责钱粮的催收,收齐后上交至户部。

三衙前东接旧仁和署，西连荷花池头，杭州市考古部门曾在巷西侧地表下约3米处发现三通判厅遗址。今三衙前路段改称"府学巷"，与不远处的孔庙相邻。

银枪班巷

银枪班巷南起方谷园，北至小营巷，为南宋禁军银枪班的驻地。咸淳《临安志》载："金枪班，银枪班……在丰禾坊北。"南宋兵制分为乡兵、厢军和禁军，禁军系天子卫兵，是最精锐的部队，负责保卫皇宫。金枪班属于殿前司，选用善于使用枪、槊的士兵，分左右两个班。南宋后期增设银枪班，分为两个班。

今方谷园北的住宅小区亦称银枪新村。原浙江大学教授毛路真居此，与著名数学家陈建功、谷超豪教授曾留下"三杰合一"的东河佳话。

叭蜡子巷

叭蜡子巷，在清河坊西北，出河坊街，南塞。传言，古代"虫八蜡"指的是蚂蚱、蝗虫。民间有到"虫八蜡庙"祭祀的习俗，祈求保佑庄稼除虫抗灾、年年丰收。"南宋时有东西八作司设此。八作乃泥作、赤石作、桐油作、石作、砖作、瓦作、竹作、井作是也。"

八作司是宋代"将作监"下属的8个办事机构。《说杭州》载："八作司隶属于将作监（专司京师内外营造修理）。宋时其地属康裕坊，在御史台之西。八作司司员居此，因名八作司巷。后讹为百桌子巷、八足子巷、蚜蜡子巷，均失原意。"

明嘉靖时，巷内有戚武毅公祠，为纪念抗倭民族英雄戚继光而建，后圮废。

白马庙巷

白马庙巷南起严官巷，北折东，与中山南路相接。南宋时，建白马庙，故名。

白马庙前身是崔府君祠，史载北宋景祐二年（1035）七月，朝廷下诏，封崔府君为护国显应公，并在汴京修建崔府君祠。杭城沿袭北宋旧制建崔祠。

白马庙外左首，有井两口，相传马至此，汲井水饮而化泥，有碑记，今已没矣。清乾隆《杭州府志》载："白马庙，在凤山门里，州桥之北。宋建炎间建，祀磁州都土地崔府君。神姓崔，名珏，字子玉。唐贞观间征为滏阳令，世传渡康王者即此。"

该文似将崔府君与白马混为一谈，民间为此存在不同的说法。一是宋孝宗生母某晚梦见一绛衣人，自言崔府君，将一只白羊送给她，说"得一孝子"，自此夫人有娠。宋孝宗诞生时赤光照天，室中如昼，此年岁在丁未，其属为羊，所以宋孝宗小字曰"羊"。因崔府君有开两代之祥的恩德，南宋朝廷对崔府君特别崇奉，宋高宗南渡后，感磁州崔府君庇护之恩而建祠。二是有"泥马渡康王"传闻，说祠中一泥塑白马，曾驮康王（宋高宗）逃出金兵追杀之难，后康王为感白马救命之恩而建庙。二说孰是？待考，但"杭人不重崔而重白马，称白马庙，巷亦因此得名"。白马庙后几经修葺，规模不断扩大，都人士女骈集祠中，奉祭礼拜，十分热闹。南宋临安有 400 多处宗教场所，仅 2 处绘有精美壁画，白马庙占其一。

白马庙今已不存，但巷名依旧。

华光路

南宋时，上华光巷（今华光路）隶属泰和坊。该巷北抵西府局，南出河坊巷，宋时名新房廊巷。

今华光路南起河坊街，北至惠民路接定安路。

《西湖游览志》载："华光庙，在普济桥上。本名宝山院，宋嘉泰间建。绍兴初，丞相郑清之重修，以奉五显之神，亦曰五通、五圣。"巷西旧为宋宁宗潜邸，故又称万岁巷。因设糯米仓在此，俗称糯米仓巷，明时更名华光巷，因巷内华光庙而得名。为别于丰禄桥畔之华光巷（今下华光巷），故称上华光巷，即今华光路。

华光庙供奉道教护法神华光大帝（俗称"马王爷三只眼"），传言华光大帝原是如来佛弟子妙吉祥化身之神，初名灵耀，后被玉皇封为火部兵马大元帅。在中国道教神仙体系中，华光大帝被列入四大元帅，四大元帅又称护法四圣。

华光路于 1990 年拓宽，南延至吴山山脚安荣巷西端。

祖庙巷

祖庙巷宋时名七郎堂巷，属嘉新坊，后又改属兴德坊。该巷在庆春路南（丰乐桥西南侧），与路北的广兴巷相对，南折东通中河中路。祖庙巷南接枝头巷，北出盐桥街。

七郎，指盐桥蒋庙所祀之神，姓蒋名崇仁，行七，其家曾居于此，故有此名。又因其祖庙在此，亦名祖庙巷（一说过去称七郎堂巷，旧居遭火灾后始称祖庙巷）。

龙翔桥

龙翔桥有龙翔宫。龙翔宫原在后市街，为南宋理宗潜邸（未登皇位前的王府）。南宋嘉定十七年（1224），宋理宗登位后入住皇宫，原潜邸改为道观。南宋淳祐四年（1244），朝廷赐额"龙翔"。元时，住持胡元洪将龙翔宫迁到安济桥一侧（清湖河畔）重建，安济桥改称龙翔桥。其地即今延安路与学士路相交处地域。1973 年，随着城市发展，浣纱河被填，龙翔桥也遭废弃，唯独"龙翔桥"地名被保留了下来，该地为杭州最繁华的市井之地之一。

新宫桥

《说杭州》写道："宗阳宫街，即新宫桥直街，以有宗阳宫而得名。本为南宋时德寿宫之一部。德寿宫南至望仙桥直街，北至佑圣观街，西濒盐桥大河，东至城墙（即今之吉祥巷、织造马弄），可见其范围之大。度宗咸淳间，以其中一部改建宗阳宫，并辟路以西通新宫桥，此路名为新街，新宫桥之名亦由此而来。"

新宫桥横跨中河，桥东为河坊街东段，桥西为中山路一带。南宋时，此地称新开坊。咸淳年间，宋度宗以德寿宫部分隙地建道宫，名宗阳宫，俗称新宫，宫外之路称宗阳宫街、新宫桥直街，桥亦以新宫名之。

桥东北沿河，名新宫桥河下，新宫桥东侧紧邻重华桥，重华桥为中河的分界线，河水于此"兵分两路"。

六部桥

六部桥东西走向,横跨中河,距凤山水门仅几分钟路程。桥面栏板石上镌刻"六部桥"三字,桥为杭州市市级文物保护单位。

南宋时,桥东设有接待北方诸国来使的都亭驿馆,故称都亭驿桥。又因桥西为南宋六部(吏部、户部、礼部、兵部、刑部、工部)衙署,是六部众多官员上下班的必经之路,改称六部桥。南宋开禧三年(1207)十一月三日,六部桥附近发生劫持权相韩侂胄事件,韩侂胄被带至玉津园内秘密处死,成为北伐失败的替罪羊。从此,南宋另一权相史弥远开始了长达20多年的专政。

今六部桥直街东起江城路,西至中河南路。另有六部桥河下地名,南接兴加儿巷,北接原福德桥东河下,在建中河高架路时该地名消失。

第二节　与名人市井相关地名

东坡路

　　该路命名为东坡路，是为了纪念北宋杭州知州苏轼。苏东坡的事迹世人皆知，虽然《说杭州》对其仅记 20 余字："东坡路，纪念宋杭州刺史苏轼。苏守杭亦疏浚西湖，筑苏堤，政绩斐然。"但从中可见其治杭政绩影响深远。

　　里坊传说苏轼在杭州任知州时，曾在此处茶摊饮茶，因没带钱，便允诺摊主日后作画偿还，后果然践约，摊主看到画上落款为"东坡居士"，方知是苏轼。此事被传为美谈，后人遂改称此路为东坡路。

　　东坡路全线改造后，南首打通至邮电路西口，与湖滨路、邮电路相汇；北端拆除龙翔桥农贸市场，直达庆春路西端，道路宽度由 6 米拓展至 24 米。

岳王路

岳王路南起仁和路，越平海路，北至庆春路。因其北首有建于清代的忠显庙（俗称老岳庙），故名岳王路。

此忠显庙建于光绪二年（1876），位置在今庆春路和岳王路交叉口东南角，后为原众安桥小学校址。南宋时，该路分段属于定民坊、睦亲坊（明为弼教坊）。民国初拆旗营后建路，20世纪80年代，此路曾被辟为花鸟市场，热闹非凡。

今浣纱路与庆春路交叉口，矗立着娃哈哈大厦，大厦和浙江大学医学院附属妇产科医院之间的半圆形花坛内，一巨石上刻着"岳王公园"四字，旁边有一尊戴头盔、披披风、横持宝剑的岳飞写意铜雕，剑下方刻"撼山易，撼岳家军难"八字。铜像北侧有一座"众安桥南宋三英烈碑"，碑阴刻着岳飞、岳云、张宪的被害经过。碑文16列，共178字。

蕲王路

蕲王路南起学士路，北至长生路。

蕲王为南宋抗金名将韩世忠的爵号。韩世忠曾多次上疏反对屈辱和议，可惜宋高宗不予采纳其言。又因岳飞冤狱，韩世忠当庭斥责秦桧，被秦桧视为阻碍偏安政策的人。韩世忠自知势单力薄，不愿依附秦桧，乃请辞。住钱塘门内府第，自号清凉居士，并在灵隐飞来峰建翠微亭以纪念岳飞。他常骑驴携酒，带一二仆人，纵情游览西湖和其他名胜。

民国初拆旗营、建马路，因南宋蕲王韩世忠王府建于此，故定名蕲王路。今蕲王路18号建筑为杭州市第八批历史建筑。

美政桥、美政路

美政桥，位于南星街道。美政桥东出复兴街（今复兴路），西出复兴里街。咸淳《临安志》记载南宋绍兴十一年（1141），该地设置"城南左厢公事所"。时任左厢官的韩屏执法严明，清正廉洁，令当时被称为"白擎"的地痞流氓闻风而逃，人人皆赞其"美政"，遂将城南左厢公事所旁边的桥称为"美政桥"，名称一直延续至今。

美政路建于1998年，在复兴立交西南侧，因桥得名。路东有美政花苑住宅区。今美政桥社区内建有"韩屏遗风"主题公园，讲述美政历史，营造以廉为荣、以廉为乐、以廉为美的廉政文化氛围。

浣纱路、石湖桥

宋代清湖河（西河）自西湖引水，由南向北穿城而过。其南段，清代称运司河，今劳动路筑于其旧址之上。北段，近人称浣纱河，浣纱路筑于其上。

清湖河畔，住过的名人甚多。现举二人。浙学大家张九成（1092—1159），字子韶，号无垢居士，迁居钱塘，是南宋早期杭州籍状元。张氏师从杨时，精研经学，著《横浦集》。以其为代表的"横浦学派"与婺学、永康学派、永嘉学派鼎足而立。

石湖居士范成大（1126—1193），字致能（一作至能），晚号石湖居士。在临安实际居住10年左右，其寓居在众安桥南、石灰桥（现属西湖区）侧。范成大诗名与陆游比肩，其作品《四时田园杂兴》（六十首）为人所称道，"童孙未解供耕织，也傍桑阴学种瓜"入选中小学课本。传说后人曾以其号，改称石灰桥为"石湖桥"。

望江门

望江门为杭州十大城门之一，始建于南宋绍兴二十八年（1158），又名"新开门"。元末，改名永昌；清康熙五年（1666）改名望江，又叫草桥门。南宋时，望江门附近有著名的画院。

元末张士诚改筑杭州城垣时，将南宋城垣向东拓移3里，即今之望江门铁路道岔西侧，称永昌门。城门毁于明末清初，清康熙浙江总督赵廷臣重建，因登城楼可望钱塘江，易名为"望江"。城门东有草桥，故杭州人又称之为"草桥门"，相传梁山伯与祝英台来杭读书时，在此结拜为兄弟，留有"草桥结拜"的故事。前人有《永昌门眺望》诗："东城车骑尽纷纷，凭眺江门日已曛。马落射坡惊似电，牛归沙岸黑连云。非烟宫阙三山近，返照河梁一水分。吴越兴亡春草里，酒楼长对白鸥群。"

望江门外菜地连片，自宋以来为杭城蔬菜的主要出产地，乡民常挑着担经此门到城内叫卖，故旧时有"草桥门外菜担儿"之民谣。

元宝街

下袁井巷与牛羊司之间有元宝街，该街东起金钗袋巷北段，西贯牛羊司巷至袁井巷。巷内有杭州主城区唯一保存至今的古石板路。整条街东西两端低，中间高，呈弓形，中间横铺青石板 120 余块，每块长 1—2.2 米，宽 70—90 厘米，厚 8—10 厘米；两侧为直铺石板，每块长 1.5 米左右，宽 30—50 厘米不等。被列为全国重点文物保护单位的胡雪岩旧居，坐落于元宝街一侧。

南宋时，此地建有奸臣秦桧的相府，后从这里至新宫桥扩建为德寿宫，供宋高宗赵构退位为太上皇时居住。元代因省府富藏库于此而称元宝街。一说因巷内两侧高墙如元宝之两翼，中间光滑石板路如元宝心，故疑为以状取名。

大资福庙前

大资福庙前是路名，位于复兴路北侧，西至南复路，与虎玉路相对，东与里太祖湾相接，路以资福庙而得名。

资福庙又名忠烈祠，始建于南宋中期，现存建筑系清代中期所建，为市级文物保护单位。民间传说张宪遇害后，秦桧命人将其尸体切成72块，分别丢在杭州72个不同的地方。百姓念着岳家军和张宪的好，筹资建了72座庙宇，因不便公开祭祀，遂把这些庙称作资福庙，一时形成"十里八乡拜张宪，求福祉保平安"的风潮。据说，以前在东山弄、彭埠、笕桥等地都建有资福庙。时至今日，资福庙就剩玉皇山南大资福庙前路上一座。

大隐坊、环翠楼

环翠楼位于胡庆余堂南侧，虽名曰环翠楼，但其实是一条以石条、石板砌筑而成的登山之道。其东起大井巷，西至粮道山，长约190米，宽约2.5米，宋代称大隐坊。明代在山路两侧植树，青翠环山，绿荫蔽屋，拾级而上如入画屏，因名环翠楼。

环翠楼这个地名启用于清代。旧时，吴山香火极盛，大井巷一带名店荟萃，游人如织，环翠楼成了大批香客游人登山的首选通道。其时，当地多有相命馆和香烛店。沿环翠楼拾级而上，在一处数十米高的平台上，原有一座木结构山门，两侧塑有神像，20世纪50年代末与山上诸多庙宇同时被拆除。再往上，有过路凉亭一座，供上山者小憩、避雨。该亭原为木结构。

宋时，其地住过大隐士朱肱。朱肱，字翼中，号无求子，晚号大隐翁，吴兴（今浙江湖州）人，中进士后无心为官，在大隐坊开办酒坊，著书立说。北宋政和七年（1117）之前，约已完成《北山酒经》一书，书中罗列制酒之法及多种发明，被誉为"研究中国酒文化绕不开的丰碑"。

高士坊巷

高士坊巷东起中山南路，西至清平山东麓，折南通大马厂巷，巷中折北对白马庙巷，长约340米，宽约3.5米。

该巷因北宋高士徐复居山南岭上而得名。徐复精于易学，宋仁宗曾召见之，并欲任其为大理评事（司评决刑狱），不受，因赐别号为冲晦居士。徐复与当时居孤山之林和靖，并称"杭州两处士"。范仲淹任杭州太守时，常去徐家拜访，徐以重礼待之。沈文通任杭州太守时，题徐之居处为"高士"，其地由此得名。又因巷西通清平山，亦称清平山巷。南宋时，皇城司、修内司等官署亦设于此。

高士坊巷南宋时又称仁孝坊、晏公庙巷等，明称凤鸣巷，今复称高士坊巷。

柳翠井巷

柳翠井巷原南起河坊街，与打铜巷相对，北至保佑桥东弄，与元福巷相对。此地为吴越国抱剑营地，南宋时称金波桥巷，明时称普济巷，清初改称柳翠井巷并沿用至今。

相传南宋时，有一女名柳翠，住抱剑营。柳翠不但貌美，还聪明绝伦，善弹唱，为临安名妓。柳翠乐善好施，为解街邻饮水之劳，出资在此巷开凿一井，名柳翠井，又于万松岭下造桥，名柳翠桥。后柳翠落发为尼，街邻为纪念柳翠之德，称此巷为柳翠井巷，此弄称柳翠桥弄。

柳翠桥早湮，柳翠井亦在近年惠民路改造中填没。柳翠井巷在旧城改造中分为南北二段，中间隔着一条东西向的惠民路。北段南起惠民路，北至惠民苑小区南侧，通保佑桥；南段南通河坊街，与打铜巷相对。

保康巷

保康巷东起中山中路中段，西通开元路。据咸淳《临安志》卷十九，宋时此地名富乐坊，在修义坊北，俗呼卖马巷。相传著名女词人朱淑真曾住保康巷。

朱淑真，钱塘人，作品数量不少，仅其《断肠集》即收录300多首词作，是继李清照之后最杰出的女词人之一。她因婚姻不幸，作词多哀婉风格。词作亦多有反映临安风貌者，如"坠翠遗珠满帝城""天街平贴净无尘"等。

官巷口

官巷西对寿安坊巷，东达炭桥。官巷之由来有二说。其一，在吴越前，杭州近江多水，此处为官硐口（官涧口），后音转为官巷口。其二，官巷，传言宋时自五间楼（今保佑坊）北至官巷口南街，两行多为金银珠子铺、监钞引交易铺及冠子行等，本名冠巷，后讹为官巷（清陈璨《西湖竹枝词》即作冠巷）。

南宋时，此地为寿安坊，因为是"花市"所在，酷似洛阳盛产名花的寿安山，故名。《梦粱录》载："大抵杭是行都之处，万物所聚，诸行百市……最是官巷花竹所聚，奇异飞鸾走凤、七宝珠翠、首饰、花朵冠梳，及锦绣罗帛、销金衣袖、描画领抹，极其工巧，前所罕有者，悉皆有之。"当时又称灯市，元宵前后张灯五夜，自今官巷口起至众安桥止，盛极一时。

明以后此处仍是杭城商业中心。1949 年后修通解放路，官巷口成为地域名，指解放路与中山中路交叉处一带。

孝子坊

周孝子弄在清波门北，今名孝子坊。北达荷花池头，南抵清波门直街，东通四条巷，西有二弄。长约 130 米，宽约 3 米，是一条沥青铺面的小巷。城垣拆除后，其可达城外。

相传南宋初，理学家周敦颐之孙周之官，捧周敦颐之遗像来杭避金兵之乱，遗像片刻不离身，人称孝子，此地因此得名。

周之官，字待圣，兄弟五人住一起不分家。周之官平时好善乐施，一次杭州有灾，他出资煮粥广施，救活数千人。他有子女七人，仍然合住不分家，杭城孝道家风由此传扬。

《杭郡诗辑》载，周家后裔周玉章，字淑大，号药栏。清乾隆元年（1736）荐试博学宏词，次年中进士，入馆阁，精史学，能文章辞赋，历官至翰林侍读学士。其生平笃于气谊，事后母至孝，为时人所重。家甚贫，一日薪水俱尽，弹琴招施舍。坊中原有周公祠，即周孝子家祠，后废。

奎垣巷

奎垣巷在开元路与浣纱河相交处，长约300米。奎垣巷北至开元路中段，宋时称石榴园巷，因巷内有石榴园而得名。巷内兴安里38号，有一古庭园，名丁家花园，为宋时石榴园遗址。

此园于清乾隆时被某巡抚占为别墅，后该别墅改为宁绍、嘉松两分司署。园之一半为山东盐运司丁阶寓所得，改名为丁家花园，后又归旗人固鲁坚，曾更名为固园。园内古木参天，奇石拔地。现花园面积比原来小，园内有嶙峋的假山、半亩左右的池塘，有古珊瑚朴一棵，树干可两人合抱，树龄已有 400 多年。

民国时，园内增建西式别墅。该别墅为资产阶级革命活动家陈其采（陈英士胞弟）在杭任职时的居所。丁家花园现为杭州市市级文物保护单位。

高银街

原高银巷，东起中山中路，向西过祠堂巷至后市街。宋时属融和坊，俗呼肉市巷，又称灌肺新街，因店家多招徕北方移民顾客，以售卖灌肺汤为业而得名。巷内有灌肺岭，《说杭州》写道："为吴山余脉，然宋时已成平地。"该地后成为珠宝商的交易市场，每天要成交几万两银子。传闻珠宝商中数高氏名气最大，人们就把灌肺岭叫作"高银巷"。20 世纪末，巷向北拓宽，向西延伸至劳动路，向东延伸至中河中路，今称高银街为美食一条街。

十五奎巷

十五奎巷全称周衙弄北十五奎巷，是御街廿三坊（中山南路西侧 23 条坊巷的统称，坊巷名称大都是从南宋流传下来的）中的一条小巷，地处正宗的皇城根，"勾栏""瓦肆"聚集，是南宋时的娱乐与生活区。《西湖游览志》载："长庆坊，俗称石龟巷，西通石佛山。宋有都奏进院，即智果院旧址也……其南为三执政府，乃宰相私第也。内有四眼井。"

十五奎巷辖区面积约 0.2 平方公里。该巷东出鼓楼，南与城隍楼牌巷相通。宋时名竹竿巷，属长庆坊，巷内原有玄妙观。巷之得名有二说。一说巷中徽州会馆有一大石龟，因名石乌龟巷。《樊榭山房集》云："吴山新雨道少人，石龟巷古无风尘。"后以此称不雅，取其谐音称十五奎巷。一说十五奎为十武魁之误。明嘉靖中，巷人多习骑射，科举考试得武举十人，故有此名。南宋时为入忠清庙之路，内有四眼井。有广润庙，为宋高宗时僧人宝宁所建。巷内有施公庙，为城中七十二庙之一，乃祀刺秦桧之殿前小校施全者。

断河头

断河头北起河坊街，南折东至建国南路，内有横弄通吉祥巷。

此地原为茆山河之一段，今讹为东河之南端（宋时东河尚在城外），是南宋绍兴三十二年（1162），宋高宗赵构为建德寿宫而填塞。淳祐《临安志》载："东自保安水门，向西过榷货务桥，转北过茆山井、蒲桥，至梅家桥，曰茆山河。旧德寿宫之东，元有茆山河，因展拓宫基，填塞积渐，民户包占，惟存去水大沟……"咸淳《临安志》载："……德寿宫之东，元有茆山河，因展拓宫基填塞，积渐民户包占，惟存去水大沟，至蒲桥修内司营，填塞所不及者，故道尚存。自后军东桥至梅家桥河。"《妙香诗抄·断河夜泊》："夜泊断河岸，孤舟破寂寥。烟收层堞雨，风送浙江潮。月色涵秋浦，歌声和客箫。更闻南北寺，钟鼓出山遥。"

其地民国时称河头，中华人民共和国成立后改名为断河头，现断河头小区位置在德寿宫遗址旁边。

五柳巷

五柳巷南起斗富三桥，北至道院巷。南宋时属松芝坊和兴礼坊范围，当时此处有一小御园——"五柳园"。《梦梁录》载："五柳园，即西园。张府七位曹园。"咸淳《临安志》载："新门外五柳园。"

另据《南宋古迹考》中"予考斗富三桥下有五柳巷，地近板儿巷，去金刚寺不远，或即其遗址也"可知，五柳巷附近有金刚寺，现仍有金刚寺弄的地名。

太平坊巷

太平坊巷东起中山中路，西至后市街。巷名始于南宋，又称新街巷，为中瓦所在，"杭州夜市，此处亦为盛地"。宋时，中瓦附近有武林园，为高档餐饮场所。中瓦又被称为"五花儿中心"。《西湖老人繁胜录》云，寒冬腊月，市民无社火看时，"却于瓦市消遣"。瓦市，又称瓦子、瓦舍等，是商业餐饮与文艺娱乐汇于一处的综合体，而勾栏是附设其中的封闭性场所，专供演艺。城外瓦子隶属于殿前司，城内瓦子隶属于修内司。瓦子中有百戏杂耍，其中蹴鞠曾使高俅青云直上，而相扑迷宋仁宗则对女子相扑情有独钟，另有杂剧、舞蹈、演奏、傀儡戏、影戏、说书、滑稽戏、沙书、七圣法、诸宫调等。东京旧俗，本为杭人所喜，故南渡以来，风气仍炽。

竹椅子巷

竹椅子巷一名总宁巷。南对金钗袋巷，北出萧山弄，与斗富一桥斜对。其地在南宋时正当东青门之口，有新瓦（亦称四通馆瓦）在此，也有东里之名。瓦，亦称瓦子，南宋时相传殿帅杨存中，以部卒多来自西北而无家室，因于城外建瓦舍为其游艺之所，取"来时瓦合，出时瓦解"之义。南宋时临安瓦子众多，一说城内著名者有 5 处：大瓦（在保佑坊之西）、中瓦（在木瓜弄、上后市街，由义弄至三元坊一带）、下瓦（众安桥至弼教坊之扁担弄一带）、南瓦（熙春桥、清冷桥一带）、蒲桥瓦（乌龙巷北口）。城外则有十几处。

金钗袋巷

金钗袋巷在元宝街胡雪岩故居东侧，南起抚宁巷，北至望江路。

巷内旧有榷货务都茶场、杂买务杂货场（均为南宋官署名，属太府寺，掌折博斛斗、金帛等物）。史载当时以宫苑女眷所需的锦缎服装、胭脂水粉、金银饰品等商品最为出名，因是进宫用品，故做工精细，相传包装时很多物品需盛放到金钗袋中。也正因此，"金钗袋巷"的称谓便流传开来。

南宋时，该巷近保安门，故又称保安巷。清时改称"金钗袋巷"，一直沿用至今。现巷东有金狮苑住宅区，巷西有建兰中学及两口外方内圆的古井，其一名为"金钗袋巷义井"。金钗袋巷里还藏着"新中国第一个居委会"及中国社区建设展示中心。

甘泽坊巷

甘泽坊巷东起中山中路，西至后市街。南宋时称甘泽坊，传说因此地多柑子团（用糯米粉裹柑的食品）作坊，一说后市街在宋时有柑子园，甘泽为柑子之讹。另有一说：巷内有六井，井水清澈，称甘泽，巷名因此得来。清时有朱枫者居此，曾作《柑园小识》，内称有余姓者在后市街南宅之西种柑六七株，并称其地宜于种柑云云，可见种柑由来已久。

巷南有浙江杭州商会，巷东有浙江实业银行旧址。

斗富一桥、斗富二桥、斗富三桥

斗富桥东起建国南路，跨东河，西至城头巷。由南到北分别为斗富一桥、斗富二桥、斗富三桥，原名平安一桥、平安二桥、平安三桥。

斗富桥的来历有很多版本，流传最广的就是南宋时，安乐王在此造桥，深得当地老百姓赞赏，秦桧听说后不服气，在同一条河上相隔百米建两座桥，老百姓以为秦桧在斗富，便给桥取名为"斗富桥"。杭州方言中"斗富"与"豆腐"音近，老百姓为取笑秦桧，也把那两座桥叫作"豆腐桥"。《西湖游览志》载："平安一桥、平安二桥、平安三桥，俗称为斗富桥，乃断河之水也。"

20世纪五六十年代，河坊街东段拓宽，斗富一桥消失。今东河两侧有斗富一桥东河下、斗富一桥西河下，南起河坊街，北至斗富二桥弄，两河下尚存部分杭城传统沿河建筑。

斗富二桥弄东起建国南路，西至城头巷，因桥得名。该桥宋时称米市桥，明时称平安桥。《梦粱录》载："杭州人烟稠密，……细民所食，每日城内外不下一二千余口，皆需之铺家……新开门外草桥下南街，亦开米市三四十家。"此米市，即指斗富二桥之米市。

斗富三桥弄东起建国南路，跨斗富三桥至城头巷。南宋时因斗富三桥旁有五柳园，故桥又称五柳庄桥。桥之东河面较宽，故船多泊于此。《东河棹歌》云："一桥二桥水不流，三桥桥畔多泊舟。侬情长如江上水，愿郎弗住断河头。"

众安桥

众安桥建于北宋时，今指庆春路与中山北路交叉处，传说该桥名与苏东坡有关联。

北宋元祐四年（1089），苏东坡第二次来杭州任知州，次年杭州瘟疫流行，苏东坡捐出他的"私币"五十两，倡导民间集资，并督促官府出资，设立安乐坊，专门为穷人提供"圣散子"等药物。苏东坡在杭几年间，施药治好千余患者。相传，众人感其功德，把安乐坊附近两桥称为"众安桥""众乐桥"，意即"众生安乐"。

南宋时，施全谋刺秦桧于众安桥，百姓建庙祀之，20世纪80年代施公庙遗址尚存。众安桥西有资福弄，"西通岳王路。有忠烈祠，祀岳云、张宪，俗称资福庙，弄以此得名"。

《说杭州》有"众安桥河下"地名，该地"东接盐桥街，西连钱塘路。南宋时为下瓦所在，有勾栏十三座，游人甚众。其处亦为行刑之地，岳云、张宪及殿前小校施全为秦桧所害，均受难于此"。

1992年，庆春路改建时众安桥桥栏被拆除，桥西辟绿地以修亭，2005年又增置百戏群塑，再现当年北瓦盛貌。

棚桥

棚桥在平海路东，宋时此地有小河，桥东西跨河。又有棚桥巷,即因桥名。棚桥巷后名棚桥弄,东起祖庙巷南端,西至中山中路中段。1995年平海路延伸,棚桥弄消失。今附近有棚桥农贸市场。

棚桥位于御街东侧,陈起曾住附近睦亲坊。陈起,字宗之,解元,能诗。当时,有所谓江湖诗人,皆与之善,陈起刊《江湖集》以售。陈起自号陈道人,在睦亲坊开设陈宅书铺,在棚北大街开设陈解元书铺,与附近众安桥南的"贾官人书铺"等皆为临安城内著名书铺。其刻印之书精良,往往镌有"临安府棚北睦亲坊南陈宅书籍铺印"字样。可惜后来陈氏作诗讥诮权相史弥远,以言论得罪了当局,坐流配。书亦官毁,所剩存世者,如《朱庆余诗集》等,精致秀美,后代皆视为珍宝。

菜市桥

南宋时,杭城有"东菜、西水、南柴、北米"之民谣,菜市桥位于城东东青门外菜市河上,因东郊四时蔬菜均集于此交易,形成菜市,故名。

菜市桥现今范围大致为庆春路自菜市桥西至浙江大学

医学院附属第一医院（庆春院区），东至建国中路附近地域。近年来其周边有不少小巷因庆春路拓宽和旧城改造而消失。菜市桥是一座古桥，淳祐《临安志》就有收录，在南宋，它横跨在东河上。元末张士诚拓建城垣前，菜市桥在城外，其地适宜种植蔬菜，桥东辟有菜市，故当年杭州有"东菜、西水、南柴、北米"之谣，桥由此得名。由于桥名气大，连桥下的河也一度被称作菜市河。桥西，在今东清巷口南庆春路上，原有宋城门东青门。

菜市桥又叫庆春桥。明初，朱元璋派大将常遇春由太平门攻入杭州，为庆大捷，改太平门为庆春门，菜市桥也跟着改称庆春桥。2003 年，浙江大学医学院附属第一医院（庆春院区）基建中出土一根硕大的抬梁，上镌有"庆春桥""同治八年"等字样，说明直到晚清，庆春桥这一桥名还在沿用，且在同治八年（1869）大修过。

南星桥

南星桥古桥位于今南星人行桥西，江城立交桥南面，东出江城路，西通凤山路，长约 14 米，宽约 5 米，又名南新、朱桥。淳祐《临安志》卷七载："朱桥,旧名南星。"咸淳《临安志》卷二十一载："南新桥,一名朱桥,雪醅库东。"民国时,在其附近曾建有一公路桥,亦称南星桥,故南新桥便被称为老南星桥。

老南星桥是中国古建筑中常见的拱形石桥,桥柱雕刻莲荷图案,沿青石板拾级而上,两边桥栏板上的浮雕刻有昂首奋蹄的奔马和跃龙门的鲤鱼。

南星桥作为一个地名,泛指凤山路、江城路、秋涛路南段与复兴路北段地域。旧时,南星桥是杭城最热闹的地方之一。古南星桥尚在,为跨中河单孔石拱桥,此桥始建于五代吴越国时,为当时去圣果、梵天、栖云三寺进香之路,又称南新桥、朱桥。南宋筑皇城后,此路被截断;南宋灭亡后,又复为烧香客的必经之桥。明、清两代对南星桥多有修缮,其旁有南星古泉和古井一口。20世纪80年代,政府进行中河综合治理时,对古南星桥进行整修,将桥南"南星古泉""古井"一起列为杭州市市级文物保护单位。南星桥一带依山濒江,历来是水陆交通枢纽,沿钱塘江曾设有多处码头、渡口,为两浙等地的物资集散地,素有"金江干"之称。20世纪80年代建设南星桥公路、铁路立交桥，20世纪90年代末又建设复兴立交桥，至此，老街巷大部分消失。

南井、惠迁桥

南井，北宋时开凿，因在六井之南的美俗坊而得名，为嘉祐年间杭州太守沈遘所开，又称"沈公井"。沈遘（1025—1067），钱塘人，字文通，皇祐元年进士。历江宁府通判、知制诰、知杭州，明于吏治，令行禁止。召知开封府，迁龙图阁直学士，拜翰林学士。著有《西溪集》。

《说杭州》认为南井在红门局附近，后人沿袭其说，推论左近之"大井弄"，即明代的沈公井巷。近有吴越《寻找沈公井》一文，根据清代地图等文献资料，认为南井在清代萧王庙旧址，即今西湖大道北侧（涌金门社区东南角，定安路与西湖大道交会处）附近。沈公井侧，旧有惠迁桥，地方文史专家曹晓波先生认为，桥就在定安路与西湖大道交会处附近。

四牌楼

四牌楼东接城隍牌楼巷，西至元宝心。长约 200 米，宽 4 米。旧称四贤祠巷，因巷内旧有"忠节祠"，祀伍员（伍子胥，春秋时吴国大夫）、褚遂良（唐大臣、书法家）、岳飞、于谦 4 位先贤。

四牌楼相传为南宋韩侂胄阅古堂遗址。韩侂胄（南宋大臣，封平原郡王）在南宋庆元年间，看中这块吴山下的宝地，凿山建园、开洞疏泉，建"阅古堂"。将青衣泉引入，改名"阅古泉"，邀请诗人陆游为之作《阅古泉记》。

第二章
城东宋韵地名

　　南宋时的艮山门外在海塘防护、宫廷供应、外使接待、义庄慈善等方面，呈现出与城内截然不同的风貌，如果缺了这一块，杭州的宋韵就无法充分体现。

　　2021年春，经国务院批准，浙江省政府决定优化调整杭州部分行政区划。撤销上城区、江干区，设立新的上城区，老江干区这一区域对老上城人来说，将有一个熟悉的过程。本章分机场路沿线地名、笕桥一带地名、其他城东宋韵地名三小节来展开。

机场路的前身是南宋时的城东新路走马塘，走马塘南起艮山脚下，北抵笕桥横塘境内。走马塘沿线是东郊"丝篮儿"、"菜篮儿"、棉麻、中药材的集散地，历史上该区域自然、人文景观众多，宋韵地名文化资源极为丰富，通过对一个个古走马塘地名的"破译"，了解其演化过程，读者能从一个侧面感受到杭州历史积淀的厚重。

而笕桥那一个个乡村古地名，那一件件街巷里弄旧闻，无不浸润着某一时代所赋予的本真。笕桥是走马塘的一部分，本应纳入走马塘范畴。然而就主次而言，走马塘只是纵贯笕桥的一条道，而笕桥是主体，其整个境域内，有着更多与之相伴相生的宋韵题材。基于这种考虑，遂不受走马塘所限，以笕桥名义列此节。

宋时，皋亭山在抗金一事上留下了许多可歌可泣的记闻，像皋城古城山韩蕲王将台、班荆馆承天宫等古地名，都与那个时代有关。而彭埠至采荷地区的宋韵地名，则大多与当年的农耕文化、风土民情等有关。

第一节 机场路沿线地名

走马塘

宋时，杭州艮山门外有一条车马滚滚、极尽繁华的古道，叫走马塘。咸淳《临安志》记载："走马塘，在艮山菜市门外。地平坦，可驰马，故名。旧有花柳，号城东新路。"这是走马塘作为一个路名，首次被"登记入册"。走马即驰马，塘即堤，二者合起来指上面能跑马的塘路。走马塘南起转塘头，北至茶花村的泥桥头。

走马塘别称城东新路、北塘、官园路、城东九里松（松塘），各条别称之路的起止点，都有不同的延伸范围：城东新路南起南宋皇宫，北通笕桥；北塘南起艮山门外，北抵樟木庙桥；官园路南起转塘头，北入官园；城东九里松南起转塘头，北至樟木庙桥。

走马塘南端在老公交 5 路"机神庙岔路口"站，宋时此地叫转塘头，是从艮山城门出来，转上走马塘的地方。

清《艮山杂志》说走马塘"自艮山门外二里转塘头起，东过诸葛庙、石陡门、祠堂坂、姚陡门、枸橘（桔）弄、斋僧馆、逯家亭、笕桥、喻家弄至茶花村止，约共十里"。这条古道从转塘头起，沿三里亭里街、石陡门、池塘庙、枸桔弄里街，于街尾向东横穿今机场路，经花园村（斋僧馆），东过黎明村（逯家亭），在笕桥医院处向西，回穿机场路，北入现笕桥直街（老街），出街尾约半里，进机场小营门，经喻家弄（今已不存），抵达茶花村。

走马塘虽历经元、明、清多个朝代，但整体格局无大变化。1927 年建清笕路，大致沿走马塘"之"字形中轴线，偏东辟出一条直路，通入笕桥老街。1931 年建机场，连带改造旧道，该路南起闸弄口，经南新桥（今南星桥），到机场大营门，称中央航校路，俗称机场路。这条路曾先后改称杭海路、杭平路、杭塘路、凯旋路、杭笕路、红卫兵路，1981 年至今称机场路。

转塘头

转塘头是转上走马塘塘堤的首站。

过去，出艮山城门沿"河罕上"那条老街往东，街尾处有一座俞家桥，过桥，偏北，沿沙河堤过东岳庙，庙北不远处即见跨路的"吴家更楼"（更楼即防兵巡护关库处，类似现在的报警处），这里是转上走马塘的地方。

20世纪，杭州陆续开通多条公交线路，"机神庙岔路口"站名取代了转塘头（时属闸弄口行政村）地名。2010年，岔路口立着"闸弄口路"路牌，路西为天仙庙社区。

三条枪

三条枪是古路名，这枪，指的是冷兵器时代的长枪。宋时，转塘头口子上有一座真武庙，"庙前分三大路：一东南，由曲尺村过郑家桥、杨家桥等处；一直东，由崇福寺过麦庄、夏韩村等处；一东北，为诸葛庙，为走马塘，俚俗谓之三条枪"。三条枪里，走马塘是通往"东北"方向的一条路。

三条枪路名在1949年前出版的《杭州地理志·杭州市全市地名一览表》里有记载：闸弄口、闸弄西、闸弄口内、弯头儿、下三条枪，三条枪、北鱼潭（钵盂潭）、范家弄……从记载顺序来看，三条枪可能不仅是路名，还是某村名。三条枪路从转塘头的真武庙前起,北通今三里亭直街,长约 1 公里。该地名 20 世纪 90 年代中期还在(建天成国际大厦时毁,在大厦后面),沿街(俗称"高街沿",门牌号码印制为三条枪某某号)与后面的三里亭老街连成一体。鉴于三条枪与下三条枪又分成两条路,按顺序"下三条枪"过后应分岔,后面相连的"三条枪"路在此转北,通钵盂潭、尧典桥一地。

自改革开放起,因旧城改造,三条枪、三里亭老街等地名逐渐退出历史舞台。

白庙村、白庙前

白庙是俗称,咸淳《临安志》里有其真姓大名:"汉萧相国祠,在定民坊。一在艮山门外,赐额'灵护'。"《笕桥地区古地名资料摘编》载:"白庙村,位于永济桥西南 0.45 公里。"《艮山杂志》载:"永济桥西南半里许有白庙,所祀汉萧相国也。"

元代,百姓嫌萧相国寺规模小,祭祀不便,便在永济桥西南另建一座宽敞的"萧大明王庙",又称白庙,"白"

字含义不详。萧相国，指西汉初年政治家萧何，萧何曾推荐韩信为大将军，后又协助汉高祖消灭韩信、英布等异姓诸侯王，"萧何月下追韩信"的故事和"成也萧何、败也萧何"的成语流传至今。

白庙遗址位于机场路与艮山西路交界处附近。该庙前之路叫白庙前，路旁之河叫白庙河，桥叫白庙桥。

永济桥、永济庵

1996 年，笕桥镇下辖的居民区、行政村、自然村中，包括永济桥所在地，永济桥隶属闸弄口行政村。《笕桥地区古地名资料摘编》载："永济桥，位于笕桥镇南 4.5 公里。桥名始自明代，村以桥名。"

宋时，永济桥附近有一座瑞像院。咸淳《临安志》载："瑞像院，旧在城内。淳熙十四年，僧明祖因梦白衣大士，遂建佛宇。成之日，东楹现莲花，居民异之。祈祷者趋焉。淳祐五年，移请今额。"

瑞像院后来改称永济庵，是因为庵旁的永济桥。《艮山杂志》转引《杭州府志》云："永济桥，俞家坝东第一桥也，旧未有坝时，沙河水自此东出，统为后沙河。"《艮山杂志》载有瑞像院改叫永济庵的具体年份："永济庵，在艮山门外，旧名瑞像，后为潮圮。明万历壬子，僧智学重建，更名永济。"

永济桥桥址在今濮家小学后面。老底子三条枪"直东"的一路，经永济桥通往麦庄、下安村（夏韩村）。古永济桥连接对岸的闸弄口新村，往东，有一条"艮山支三路"，东行约200米，路南边有杭州市人才管理服务中心、航天规划设计集团有限公司浙江分公司。老居民指着北门说，此地已成断头路，围墙外那条弄堂原先南接草塘、严家弄，拆迁过程中曾竖着"永济桥路"路牌。近年来的旧城改造，致使该弄堂尽管仍存在，却已面目全非，路两侧新楼林立。

闻王庙

清朱文藻《崇福寺志》载："过更楼转东，直北经圣帝殿，为九里松塘，通下菩萨、三里亭、枸桔弄、笕桥大路……未至圣帝殿东向数百步，村居十余家，名花园弄……过花园弄，为闻王庙。"《崇福寺志》里崇福寺与闻王庙相邻，"北通下菩萨"。《笕桥地区古地名资料摘编》载："闻王庙，位于范家弄西南，旧有闻王庙，地以庙得名。"

闻王庙是古地名，地以庙名的具体年份不详。古时，从转塘头过来，经屠氏先世之别墅的花园弄村，再往前百米，即见闻王庙。朱文藻说当时随宋高宗南逃的闻姓人氏在杭州城东住下后，"追祀中原土谷之神，立庙于此"。该庙"在路北南向，大殿三楹，后殿三楹，奉土谷神。前殿神像前栗主题曰'溥泽侯'，左壁神榜题曰：商敕临安九里松九朝都土地，敕封'溥泽侯'"。

闻氏名人宋有咸平进士闻见，疑其子孙住城东后，不忘祖宗，仍依北方旧俗，在杭州建起闻氏家庙，只是年头久了，该庙后演化为一方土地庙。

闻王庙的"王"字，《南宋杂事诗·救命王请方》解释说："救万民命尊为王，奉香祷疾谶赐方……"意即能救百姓性命者，百姓尊其为王。

下菩萨诸葛庙

《笕桥地区古地名资料摘编》载："因南宋时此处建有诸葛明王庙，而当地老百姓呼此庙为下菩萨庙，地名亦随庙而立。下菩萨在走马塘路上，古亦称松盛镇，因走马塘又称九里松塘，两边松树绵延茂盛，故名。"其老街亦称"下菩萨大道"和"三里亭里街"。

南宋时，走马塘沿途穿过3个小镇：下菩萨、枸桔弄、笕桥。下菩萨是河罕上过来首个乡村小镇。下菩萨庙址在街南端，与东南面的闻王庙相距仅"一牛鸣之地"。下菩萨和闻王庙一样，地以庙名，后俗称为下菩萨。

《艮山杂志》转引明嘉靖《仁和县志》载："诸葛明王庙在艮山门外官园路……盖自汴南渡，建都于杭，凡汴京素奉香火悉立庙崇祀。或者神之后裔随驾南渡，因亦立祠祀之，未可知也。"既然称诸葛明王庙，那祭祀的，当是三国时的诸葛亮，可诸葛亮为琅琊阳都（今山东沂南）人、蜀国丞相，而钱塘当时属吴地，哪有奉他到这里来做土地的道理？《艮山杂志》云："意必诸葛子瑜，讹而为卧龙耳。"

庙内刻石云："庙庑有石龛一座，高广各五尺余，佛像三身，并香炉烛锭，通以一石刊凿。像左刻文四行曰：临安府城东，新九里松下菩萨庙焚修香火……"这说明该庙在南宋时就叫下菩萨。

"菩萨"之前的"下"字是什么意思？早时在庙前挖井，

井底现石刻佛龛，于是把它"畀奉于庙"。下菩萨之称，就是因为原来它是在井下。另有一说：当年隔壁的五里塘路口"张家菩萨二桥俱存菩萨，桥上旧建诸葛明王庙"——那里也有诸葛庙。为了有所区别，张家桥的庙称上菩萨庙，三里亭的庙称下菩萨庙。

下菩萨庙具体位置在今三里亭直街 105 号。清张尔嘉《艮山地理书》云："庙内有楹联，刻有所说，其词曰：'此异地也，何为丞相祠堂俎豆馨香崇是处；均汉土焉，全赖邻邦玉帛干戈安定泽斯民。'其意以诸葛专主东吴，无兵戈之患，民怀其德，立祠祀之极是。"庙门内三间正殿，两边是厢房，殿柱上楹联曰："善者为何不昌？祖宗必有余殃，殃尽必昌；恶者为何不灭？祖宗必有余德，德尽必灭。"

石陡门

古石陡门、姚陡门坐落于三里亭之北。南宋咸淳时二陡门即已存在，咸淳《临安志》载："石斗（陡）门桥，走马塘东，石斗门铺（铺：驿站）前。"嘉靖《仁和县志》载："石陡门闸在大佛庵东，姚陡门闸在石陡门东。"石陡门桥以陡门名，后石陡门成地名。陡门始见于唐代，明代起改称水闸。水闸大多修建在水道最浅、水流最急且陡峭之处，故称为陡门。陡门大多由水闸和桥并列组成，规制一般不大，长约2米，宽1米左右，四周用巨型条石垒成，两侧凿有内槽，用来插闸板。古石陡门为南宋时转塘头过来的第三站（姑且称之为站），今机场路上的石陡门桥是1927年筑清筧路迂回线时新建的公路平桥。《艮山杂志》载："自艮山门外二里转塘头起，东过诸葛庙、石陡门……"这条路沿三条枪弄、下菩萨老街，经石陡门、祠堂坂、姚陡门、枸桔弄老街北去。从地图上看，下菩萨老街到枸桔弄老街基本上连成一条直线，据此可判断出，老石陡门桥位于今公路桥西约200米处，废弃后何时消失不详。

姚陡门

《艮山杂志》："枸橘（桔）弄与姚陡门联为一市，市稍转北为弄。"

石陡门北2里为姚陡门。翟灏在《艮山杂志》中说："后沙河自坝子分截后，别无它隔，河身之广，无过二三丈，而傍无分泄之道,倘遇上水骤溢,急湍奔赴,其能悉容之乎?此石陡门与姚陡门所以设也。二陡门旧有坝有闸,沈氏《县志·水利传》尚载其目。近时修桥,见桥下石,犹多有闸板痕……"可见当年的陡门设于桥下,闸板为木制。

元末,老坝及石、姚二陡门逐渐失去作用,所以明初要建清凉闸。二陡门在清乾隆年间成了摆设,姚陡门桥至2008年仍存,后因旧城改造而消失。

松城铺、教场坂、枸桔弄

走马塘第五站是枸桔弄,枸桔弄因历史上盛产枸桔而得名。乾道《临安志》记载:枸桔弄市,位于大佛院西,近姚陡门铺。咸淳《临安志》则提及,枸桔弄姚陡门铺,因多松树,又称松城铺。这里的"铺",就是递铺,类似驿站(古代接待传递公文的差役和来访官员途中休息、换马的处所)。而递铺,一般建在有驻军的主要交通线附近,外形好像一个方形的小堡,四角插着黑旗。铺与铺之间的距离一般在5公里左右,每铺有4个人,管理非常严密,具有军事性质。递铺和驿站归朝廷统属兵部领导。驿站按照朝廷所规定的标准供应过往官员的食宿和车马。

南宋时，松城铺大佛院、教场坂名声在外。明嘉靖《仁和县志》载："大佛院，在艮山门外十里松城铺。宋南渡后，旧有小庵……高宗敕造大佛井上……嘉泰三年，敕建为大佛院。"《艮山杂志》载："文桥、武桥近大佛庵。谓此其教场，疑南宋禁卫军教练之所……"《艮山杂志》转引《杭州府志》载："仁和有枸橘（桔）弄市、白石庙市、沙河沿市、新塘市、彭家埠市，俱在艮山门外。所聚食货，亦不亚于沙田夹城。"《艮山杂志》又云："枸橘（桔）弄与姚陡门联为一市。市稍转北为弄，旧产佳枳药品，以此地为良。自弄北行为教场坂，有文桥、武桥。"《古韵弄口》记载了教场坂的文桥、武桥建在木桥港上。宋南渡后，朝廷因急于操练军队，先建了一座木桥供人马通行。此港是备塘河的支流，木桥建成后便称木桥港。随后又造了两座石拱桥，即文桥和武桥，此后木桥渐渐被废弃，而木桥港的名称却流传了下来。

由于教场坂在文桥、武桥的北面，而宋军宿营地则在桥南，使得枸桔弄市也由走马塘路逐渐向北延伸过丁家庵，再西延至木桥港。枸桔弄也因此成为仁和一大集市。自宋南渡以来，直到民国时，枸桔弄的药市都是杭州艮山门外最大的药材集市之一，是"笕十八"的重要产地。

枸桔弄俗称弄口。西南与彭埠新风接壤，东与花园村相望，东北与水墩村相连，北面紧靠上塘河支流备塘河，并与浙江省农业科学院毗邻。西面有麦庙港，麦庙港为范家村、三里亭村和拱墅草庵、白田畈的分界线。枸桔弄老街（直街）位于机场路北、古走马塘路中段，西临大佛寺，东至跨塘庙北；横街南至机场路，由埠口路（弄口至彭埠）过蔡家桥通达彭家埠老街。弄口港（二号港）穿越枸桔弄老街，姚陡门桥横跨弄口港。

2008年，新火车东站枢纽工程开始建设，枸桔弄随弄口片区被征地拆迁，老街成为杭州城东新城的一部分。

茶花村、泥桥头

《艮山杂志》载："一自茧桥东北一里，为喻家弄。又一里，为山茶花村。宋《祥符图经》载：杭州岁贡之物惟山茶、杨梅、甘蔗三种，是杭之土性素宜山茶，此村所栽或尤繁盛，因即传之为地名欤？村有茶花庙，庙侧数百步为霍家桥……盖宋时，走马塘至茶花村则止矣。"

南宋定都杭州后，偏安承平，生活奢侈，官家豪门四时花草争奇斗艳，连平常百姓家也喜爱种植。《千年横塘》写有：茶花以茶花村最好，栽培的历史悠久，相传自南朝开始就有村民栽培，唐代已作为珍贵花木栽培，到了宋代，村里栽培山茶花已十分盛行。品种有玛瑙茶、鹤顶红、宝珠茶……从十月至翌年四月花开时节，田野间、茅屋旁、古道边，紫、红、黄、白花团簇锦，姹紫嫣红，每年都要送到朝廷作为贡品。宋代诗人陆游有诗赞曰："东园三日雨兼风,桃李飘零扫地空。惟有山茶偏耐久,绿丛又放数枝红。"茶花村也因此而名。

山茶花为何会成为杭州岁贡之物？宋陶弼诗曰："江南池馆厌深红，零落空山烟雨中。却是北人偏爱惜，数枝和雪上屏风。"看来这与北人的偏爱不无关系。

茶花古庙今已不存，据说有四大间，前殿供茶花娘娘，后殿供土地菩萨，殿左供三观音，殿右供白无常、黑无常。殿后有一小池，前有大天井。门口有三色桃树，传为娘娘显灵，所以香火很旺。"三桃花"出名后，成了地名，被讹为"三道豁"。茶花庙北有古迹石元宝、五圣堂；再北，现石大路经过的地方叫螺蛳壳,以前是墓葬地,很少有人过去,这地方是四水交汇处,叫四隅汇。

《笕桥地区古地名资料摘编》云:"泥桥头,位于笕桥镇西北,今横塘村四区东,笕桥机场北,小营门东侧,昔村北有一泥桥,故名。"位于茶花村北端的泥桥头是一个自然村。古时一条走马塘从艮山门外1公里转塘头起,经诸葛庙最后到茶花村为止,这个"止"若要再具体点,应止于泥桥头的泥桥。泥桥今为公路桥,泥桥北接临平驿道永和塘。原泥桥村五组王永生老人介绍:"当地细分为泥桥头、泥桥村,其实是同一个自然村。桥北界石那里过去叫火烧址,如今改称五星村,属余杭区;泥桥南是机场西北角边缘。"

如今的茶花村因石大路开辟等缘故,几乎被拆除了半个村。村委会附近建起了专卖建材的"杭州大世界五金城",规模不小,公交398路茶花村站设在这里。

第二节　笕桥一带地名

茧桥、笕桥

笕桥称得上是艮山门外最具代表性的宋韵地名之一。笕桥镇的"根"，在笕桥老街上。

笕桥自古有 3 种称谓：茧桥、楗桥、笕桥。《艮山杂志》转引咸淳《临安志》云："茧桥，在艮山门外走马塘。""该地因产茧闻名遐迩，地亦以物命名，故称茧桥。"可见取名茧桥，乃盛产蚕茧丝绸之故。宋时，杭州被誉为"日出万绸，衣被天下"的"丝绸之府"，茧桥跟着受益，四邻八乡，甚至远至湖州的蚕农纷纷聚集于此进行交易。茧桥成了蚕桑丝绸的集聚之地。然就历史演化过程来看，茧桥也许得名更早，只是宋室南迁之前，没有像"临安三志"那样的系统记载而已。

明中叶，茧桥、笕桥并称，《艮山杂志》说，明成化《杭州府志》尚称茧桥，自嘉靖《仁和县志》以后，并讹为"笕"

矣。郎氏《七修类稿》又作楗桥，但以音发之，不足据也。明郎瑛所说的楗桥，罕有人言及。至于茧为何会讹为笕？后人有多种解释。其一，茧与笕音同，讹为笕。其二，茧的繁体字太难写，就简化为笕。其三，民国十年（1921）《中华农林会报》第九期拜石的《杭州笕桥药材之报告》说："笕桥居杭城东北，相距约十里。旧名茧桥，后易茧为笕。按：笕为长竹管所成之水道，便疏浊，资灌溉，农事赖之。笕桥之名，其以此乎？"但是这也仅是从字义推断，没有实据。另有"石笕"说，《艮山杂志》载："运河隔塘笕有七……置此诸笕，由隔塘泄运河水溉之。"乾隆《杭州府志》载："渠在临平镇西南，甃石为笕于运河之下……"这种笕叫石笕，即用石头凿砌而成的水渠。古灵渠、都江堰及中华人民共和国成立后建的红旗渠都名声在外。

　　笕桥老街"商贾辐辏、物阜民丰"，属"仁和大市"。乾隆《杭州府志》载："茧桥市，一作笕桥，在艮山门外走马塘东北，去城十里。自新庙迄长佛寺，列肆二里有奇。四近物产殷充，绵茧、药材、麻布尤所擅名，客贾多于此居积致远。"

　　清咸丰末年，太平军攻打杭州时，临平到笕桥一带的房子基本毁于战乱；1931年，笕桥建机场；1937年8月，笕桥上空中日空战，中国大胜；1938年2月，老街被日本侵略军烧成焦土。之后，当地百姓重建的沿街房屋低矮，面貌延续到改革开放初期。2016年，笕桥老街（东新弄除外）因旧城改造被拆平，日后将按城市规划，建设"体现20世纪30年代杭城近郊城镇商贸建筑和街巷风貌"的历史街区。

相婆弄、相婆桥、相家庄

相婆弄（今称相婆路）、相婆桥位于笕桥老街中心地带。1995年版《江干区志》载："相婆桥，建于宋，1953年11月改建，桥宽3.7米，桥跨6.8米，为钢筋砼板平桥。20世纪60年代初，因桥身过低，水少船搁浅，水满则船顶住桥梁，故又改建过一次。"《笕桥地区古地名资料摘编》云："相婆路位于笕桥老街中心段，是一条东西向跨笕桥港道。跨笕桥港有桥，曰相婆桥，传说是相氏老婆婆所造。"相婆弄、相婆桥是笕桥老街的代名词，今犹如此。

相婆弄是老街9条弄之一，西起老街中心的三岔路口，东到笕桥农贸市场南，全长约500米。日本侵略军烧笕桥前，这里是一条窄小的弄堂，街上人都管它叫撒尿弄堂。弄堂两侧都是农家的茅坑，臭气熏天；20世纪30年代初期建机场路时，路旁还有一口古井。

相婆弄东面约30米的备塘河上有一座单孔小石拱桥（1953年改水泥平桥），桥两侧各有三四级台阶供行人上下，中间留有一道斜坡，便于羊角车（独轮车）过桥。桥南侧的石壁上凿有一只石香炉，专供焚烧字纸，有菜篮子那么大，大家都叫它"贼骨头香炉"，因传说只有小偷会摸黑到此叩拜，以求偷得顺当些。

相婆桥畔，历史上曾出过著名画家、浙派绘画创始人戴进。抗日战争时期，相婆桥一度被日本兵当作哨卡，驻扎在笕桥的日本兵属黑泽部队。相婆弄和1953年改建的相婆桥至今仍在。

相婆弄东端有相家庄，属同心社区。《笕桥地区古地名资料摘编》云："相家庄，位于笕桥镇东0.4公里，明代前即有相姓居此，故名。"相婆桥相传为庄里一个相氏婆婆出资建造。此事据说发生在宋代。

蔡巷庙、蔡塘河

《笕桥地区古地名资料摘编》载："蔡巷庙，位于笕桥镇西南 0.6 公里，村旁原有蔡王庙，亦称蔡阳庙，后讹为蔡巷庙，村以庙得名。"庙里祭祀的，是南宋朝奉大夫、瑞州通判蔡汝揆。

蔡巷庙，在笕桥双凉亭后笕桥村组地界。那里有一条小巷，巷里"笕桥四组 85 号"对面，是一个老年活动室。老年活动室左侧有两间各约 15 平方米的房间，一间供着菩萨，一间是念经堂，此即蔡巷庙。蔡巷庙面积不大，黄墙黑瓦，祭供一尊慈眉善目的蔡汝揆塑像。每逢十月十八日，蔡家后裔和附近乡民便从四面八方赶来，烧香祭祀这位孝子与治水功臣。蔡巷庙是蔡氏家庙，巷与庙今天都还在。

蔡汝揆身上有两个非常明显的标签，一是为母亲建木娘墓。咸淳《临安志》载："木娘墓在艮山门外太平乡华林里蔡塘东。里人朝奉大夫、通判瑞州蔡汝揆，庶母沈氏卒，汝揆尚幼，父霖用浮屠法火之。汝揆既以父泽入仕，每伤无松楸之地，言之辄泣。刻木为形，衣衾棺椁，择地而葬，仍置赡茔田，建庵屋，命僧守之，乡人呼为木娘墓。"蔡汝揆的母亲沈氏病故，在朝中做官的父亲蔡霖因家庭困顿，只好遵从佛法，火化了她的尸骸。古时笕桥民俗是人死后入土为安，这样可以年年上坟祭扫一番，以寄托家人的哀思。蔡汝揆想到自己的母亲死了竟无一片木头、一抔黄土遮盖，每每为之泣下，却又不知如何是好。蔡汝揆后来生活有所改善，为了报答母亲的养育之恩，就请人用最好的木头雕刻母像，俗称木娘，在太平乡石塘"钵盂潭"（在今笕山门流水苑之北、焦家桥之南），将木娘衣锦裹身虔诚礼葬，并在旁建起一座庵，请人为母亲日夜诵读经文，以寄托哀思。百姓被他的孝心深深感动，就把这墓叫作木娘墓，把庵称作木娘庵。

另一标签是开凿一条与大运河连接的、流经笕桥全境的蔡官人塘河（简称蔡塘河），这是以一个人的名字命名的河道。咸淳《临安志》载："蔡官人塘河，在笕山门外九里松塘姚斗门，通何衙店、汤镇（乔司）、赭山。"蔡汝揆承父荫入仕，宝祐元年（1253）因病归居华林里。第二年病愈，捐资疏浚滞旧塘河，凿通新塘河，朝廷赐"惠及乡里"匾额。旧塘河、新塘河的连通，使水上交通极为便利，可谓功在千秋。

万历《杭州府志》记载，泛洋河东的五里塘河，流经张家、菩萨二桥到打铁关。一线路折东北过猪坊桥、姚店桥至笕桥；另一线路则自姚店桥往南到石陡门桥止。这两条水路统称蔡塘河。

蔡塘河现为杭笕港中的一段，以三里亭附近的石陡门桥为界，桥南是从艮山门方向过来的后沙河，桥西北称蔡塘河。蔡塘河即今备塘河的前身，是杭城东北部的一条主要河流，有了它，笕桥才有了今天的繁荣。蔡汝楠在宋代的河道治理实践，影响了一代代人，因水而兴的笕桥，在历史的发展过程中，倍加珍惜和爱护水资源。从 20 世纪 50 年代的疏浚河道，到 2000 年全镇河道清障，再到近年"五水共治"消除黑臭河、开展断头河等综合整治，河道治理工作从未停息。

钵盂潭

咸淳《临安志》载："又仁和县太平乡石塘之东，亦有潭，曰钵盂。"《艮山杂志》载："钵盂潭，在杨墅之北、焦家桥之南。潭侧有荒地亩许，相传古木兰庵址，木兰，当即木娘之讹。"钵盂潭是木娘墓、木娘庵的所在地，当年南宋大孝子蔡汝揆在此守孝，感动了当地百姓。

文献记载，杭州东郊有"钵盂潭"地名，《杭州地理志·杭州市全市地名一览表》列有"北鱼潭（钵盂潭）"等名。东郊土语中"北""钵"音相近，钵盂潭不知何年讹为"北鱼潭"。

蔡汝揆刻木事母一事，曾引来《郭北三山志》对东郊丁桥的丁兰刻木事母真伪的探讨。乾隆《杭州府志》记载了这一探讨。它先转引咸淳《临安志》："母死，刻木事之如生。冢在姥山之东，一名桐扣山。"然后提出《郭北三山志》的疑问。"刘向《孝子传》、孙盛《逸人传》俱云：丁兰，河内野王人，其母冢何由在杭？前无可证，《神州古史考》云：丁母冢者，其子刻木事母，近于丁兰，颇得之。疑即因蔡汝揆木娘事敷衍也。"从以上记载可以看出，刘、孙二人所记丁兰为河内野王［今河南省沁阳市，隋开皇十六年（596）野王县改为河内县，1913 年改为沁阳县］人，当地有"汉孝子丁兰故里"碑、丁兰巷、丁兰祠等，杭州桐扣山丁母墓之说存疑。《郭北三山志》认为：丁兰刻木事母，是"蔡汝揆木娘事敷衍也"。二者孰是？姑且存疑，待日后考证。

1949 年以后，特别是 1958 年大面积平坟后，钵盂潭地名逐渐湮没，很少有人提及。

麦庄、麦庄庙、麦庄桥、麦庙港

宋室南迁杭州，部分北人在艮山门外栖息，其中有宋徽宗郑皇后侄孙郑兴裔，他在此建麦庄、郑家园，后来包括该地的郑家坝、郑家桥等，都成了地名（见《笕桥地区古地名资料摘编》），连麦庄庙、麦庄庙桥也一度成为该区域的代名词。

郑兴裔（1126—1199），开封人，其曾祖父郑绅，祖父、父亲都是朝廷命官，整个家族显赫一时。郑兴裔很小的时候，父母就双双离世，是叔父郑藻一手把他带大的。郑藻后来分家产给他，郑兴裔想到一同南渡来杭的族人衣食无着，十分凄苦，动了恻隐之心，经考虑，他和叔父商量，是否可以用分给他的钱财建义庄以赡宗族。郑藻被郑兴裔的深明大义所感动，就依了他，于是一座具有公益性质的义庄，很快在艮山门外建起，地址在今机场路中段一带，方圆数里。

义庄一名最早出现于北宋，是范仲淹在苏州吴县（今江苏苏州）捐助田地1000多亩时创建的，其所有收益都用于范氏族人，每户可按时领取规定的份额，不少穷困者因此免受饥寒之苦，此善举在中国历史上影响深远，时人誉为范氏义庄。南宋初，郑兴裔也建义庄，该义庄不仅安顿流离失所的郑氏族人，而且周济当地贫民，其救济制度效法官办的利济院（"人月给三斗，柴三十斤，冬夏布一匹"，官家发放大抵如此），郑氏义庄此举被认为比范氏义庄更进一步。

郑氏义庄俗称麦庄，原因是北方人吃不惯米饭，于是郑兴裔在庄内种麦子，当地百姓看到大片的"旱稻"（见清《东郊土物诗·旱稻》），觉得很新奇，通过口耳相传，慢慢地管义庄叫麦庄了。古麦庄东面贴近今火车东站，南以后沙河为界（河对面是范家村），西与枸桔弄老街相邻，北抵水墩、草庄。《古韵弄口》记载，中华人民共和国成立后建起的弄口村第一、二、十、十一、十二组都在其范围之内。

郑兴裔推广并示范制作"饼饵"等麦食，使笕桥一带百姓逐渐接受北方面食，饮食习惯悄然改变。

麦庄里有一座郑氏家庙，俗称麦庄庙、麦赈庙，随着岁月流逝，成了一座土地庙，麦庄庙在三里亭一带属地标性建筑。民国时，庙有住持邵长生。自中华人民共和国成立起，庙里先后设立过文化补习班、池塘小学、酱菜场、竹器社、络麻收购点、绵羊配种场等。1992 年，乡民自筹资金，在原庙前大戏台的位置复建大戏台。麦庄庙附近流传一个"麦赈庙"的民间故事。有人说，宋亡之后，民间惧祸，不敢直接祭祀具有皇亲国戚身份的郑兴裔，便巧借麦赈庙之名说事，以表达受惠者淳朴的感恩之情。

旧称"麦庄庙大队"的区域，如今高楼林立，取名明桂社区，主要安置弄口村一至六组及农药厂部分原住居民。旁边还有东港社区，安置七至十二组原住居民。

麦庄桥，在麦庄庙前，曾是城东三通道之一。咸淳《临安志》载："麦庄桥，郑家园后，麦庄庙前。"短短 11 字，便把桥、庄、园、庙四大要素及桥所处的方位都浓缩于内。

这座桥又称麦庄庙桥，系南北向石拱桥，宽约 3 步，两面各 7 级台阶，石缝里长满藤蔓，显得颇为沧桑。明清间，这里是艮山门到夏韩村（今下安村，位于弄口与彭埠中间）的必经之路。

麦庄桥南、西、北三面都是陡壁，桥东侧齐膝高的地方有两块较为光滑的石板，上端凿刻捐资者姓名，排得密密麻麻，碑下方有"天启七年岁次丁卯十月书口重建"十四字，说明系明熹宗在位的最后一年重建的。桥顶东侧护栏一角凿有"永安桥"三字。西桥墩南侧下端，壁下嵌立的石碑铭刻有"永安桥建于绍圣四年"字样……整座麦庄桥有图文刻碑30块，数量之多为杭州古桥梁所罕见。乾隆《杭州府志》说："石斗门，在麦庄桥北一里"。记载中的麦庄桥是离古石斗门（不是机场路上那个）最近的一座桥，而"永安"二字无论是史籍还是本地人，从没提起过，结合桥下石刻，应可确认永安桥即麦庄桥。

麦庄桥下的那条后沙河今称麦庙港，它南起运河，北至石桥路。今麦庙港上，有麦庙港桥、麦苗港桥，桥名读音相近且易混淆，有待统一规范。

花园兜

《笕桥地区古地名资料摘编》载："花园兜，花园村村委会驻地，位于笕桥镇南。"《艮山杂志》卷二载：传这一带宋时有郑家故园，花园兜之名由此而来。中华人民共和国成立后，笕桥镇人民政府曾设于此。

笕桥一带临水之民居，直的叫埭，曲的叫兜。郑家园一地因古蔡塘河在此回流，形成一个浜兜。兜旁有郑兴裔建义庄时另辟的私家花园——郑家园，于是二者合一，名花园兜。

郑兴裔作为具有皇亲国戚身份的庄园主，毕竟有自己的生活圈子，需要和各种达官显贵、亲朋好友往来，而麦庄是一个以赈济贫民为主的义庄，做事要考虑影响，不便太过张扬，于是郑兴裔选择在麦庄东北一隅建郑家园。园内有奇花异石、小桥流水、楼台亭阁等，他在花园里款待宾朋、饮酒品茗，日子过得颇为闲适自在。戴敏《郑公家》云："门墙多古意，耕钓作生涯。菽米散鱼子，莲根拔虎牙。弄孙时掷果，留客旋煎茶。颇动诗人兴，满园荞麦花。"

清乾隆年间，郑家园"故景依稀在，满园荞麦花"，花园兜里"有一松，老干如铁，约数百年物"。本地乡民耕地稍翻深一点，"往往得玲珑残石"。中华人民共和国成立后，花园兜曾改称花园村、花园大队等，花园大队与麦庄庙大队归原弄口村管辖。

今机场路上有花园兜公交站。

翁塔桥、郑家坝、郑家桥

翁塔桥，位于方家弄东北约 0.7 公里。咸淳《临安志》载："翁泰桥、冯家桥、章家桥、姚店桥、翁塔桥，并城东。郑家园后。"《艮山杂志》载："翁塔，在猪坊桥东，因果院之西。翁泰未闻，恐'泰''塔'音转，误分为二桥耳。郑家园在今三里亭北，其去此桥不半里也。近桥民家有古桂一本，高可十丈余，密如翠葆。花开时，香闻里许。相传栽自宋时，其或郑家园中旧物乎？"东郊土音里的"泰"字，至今读"塔（tǎ）"，翟灏在《艮山杂志》中称没听说过本地有翁泰桥，是否是"泰""塔"音相近而讹传，从此多出一座翁泰桥？翁塔桥在月居庵西面，从《笕桥镇地名图》上看，蔡官人塘河由南往西北流经焦家村、翁塔桥，再经尧典桥、甲鱼桥……翁塔桥位置极可能与古钵盂潭（在焦家桥之南）相邻，可惜这两个古地名都已湮没无闻。《翁塔桥看桂》云："小桥流水占居幽，桂树琏蜷老作虬。万斛香乘清露晚，一株高倚碧云秋。影团栾下客周坐，风动摇时花乱投。要是郑公亲手植，阅年五百尚延留。"

翟灏住杨家桥，因此对附近的情况了如指掌，他在《艮山杂志》中说："郑家园后麦庄，此去稍远，翁塔、姚店则距村南北半里许。耳又村之西，有郑家坝，东里余尽麦庄处，有郑家桥。此数里间，想皆宋郑家故园。而今所指，称其一隅也。"文中的郑家坝、翁塔、郑家桥等都在麦庄范围内。《笕桥地区古地名资料摘编》载："郑家桥，位于范家弄东南 0.65 公里，郑姓集居于此，故名。"《艮山杂志》载："诸葛庙北浅里，近郑家坝，一称栖云庵。"《笕桥镇地名图》上有郑家坝，南近闸弄口。《笕桥地区古地名资料摘编》载："郑家坝，位于方家弄东南 0.7 公里。"可见上述地名都在宋郑家故园内。1996 年，笕桥镇下辖的居民区、行政村、自然村中，包括翁塔桥、郑家坝、郑家桥三地名。翁塔桥、郑家坝隶属董家行政村；郑家桥位于范家社区和彭埠王家井社区之间。

尧典桥、尧典桥路

咸淳《临安志》载："姚店桥……城东。郑家园后。"

今文晖大桥东，紧贴铁路边，有南北向的尧典桥路。路边有一条河，沿河北去，在今三里家园小区入口处的西北侧，有一座尧典桥。该桥至民国初，尚称姚店桥，后讹为尧典桥。

尧典桥曾是艮山门外一大集市。《艮山杂志》说姚店桥"在翁塔桥北桥岸，辏成小市，河道中渔舟骈集，入夜灯火交映，颇成胜瞩"。清黄槐《晚过姚店桥》诗云："桥边水添三尺强，渔舟泊集宛成乡。空罾挂月人何处，入市将鱼换酒尝。"当地老人回忆，尧典桥很像坝子桥，为三孔拱形亭桥。桥亭飞檐翘角，气势雄伟。不过相比坝子桥要略小些。亭东相传塑有刘、关、张像，亭两侧有美人靠。河下是一长溜儿的遮雨棚，桥东南有货运专用的船埠头，河两侧都是人家。站在桥头远远望去，街市中一条丁字街，与笕桥老街极为相似。街面不宽，街梢头为铁路。那时的街市上有茶馆4家，粮店3家，酱园店2家，中药铺2家……整条街市一年四季没个空闲，早上街头卖菜的篮子常常堵得让人无法下脚。而到了晚上，停泊在岸边的捕鱼船星星点点地亮起灯火，极具乡野风情。

日军侵占杭州期间，尧典桥遭遇劫难，自此再也没有恢复早年的繁荣景象，到处是烂田破房。自改革开放起，该地撤村建居，连片建设住宅小区，面貌才焕然一新。

徐家桥

《梦粱录》载："城东胡陈畈等处，其桥有九，名曰范家、徐家、李家、陈家、杜家、姚家……等桥。"《艮山杂志》云："徐家桥在猪坊桥北，更北为范家桥。"又云："在城东胡陈畈等处。今去畈稍远年人烟渐盛，而畈地多变为村也。"胡陈畈一地在南宋官园范围内，官园路东侧是南北向的沪杭铁路，铁轨下有一条暗渠，铁路东侧有一条同方向的尧典桥路，沿途有董家桥、徐家桥、尧典桥、甲鱼桥、钱下庙桥等。今三里家园一小区第三幢楼的路西侧，有一座大水塔，一位世居此地的徐姓老人说，徐家桥桥址就在此水塔之下，桥是 20 世纪 50 年代末拆的，后建水塔。桥两旁原先都是人家，很热闹。

明清间有两位历史人物曾隐居徐家桥。一位是施汝进，《艮山杂志》云："明末有施汝进，居徐家桥，榜所居曰东郊小筑……字子野，别号古狂。有古今体诗八十二首，杂文九篇传世。"另一位叫蒋仁，与丁敬、黄易、奚冈、陈豫钟、陈鸿寿、赵之琛、钱松并称"西泠八家"。

全福桥、钱下庙

《笕桥地区古地名资料摘编》载："全福桥位于梅家曲西北1.1公里，村东、北、西三面临河，村北有全福桥，宋时在桥北建有钱下庙，桥又称钱下庙桥……村以桥得名。"出处是《艮山杂志》"钱下庙桥，在城东胡陈畈"。全福桥古称钱下庙桥，今天仍存。

《艮山杂志》记载的胡陈畈，位于今"农都"附近。胡陈为两姓氏，畈即田畈，只是"盖数百年人烟渐盛，而畈地多变为村也"。其中一座全福桥，位于水墩村四组地块，水墩村距笕桥约2公里。《太平寰宇记》载："钱塘郡姓三，全居一焉（另两姓氏是丁、朱）。"翟灏在《艮山杂志》中认为此说"不为无稽。然则钱下庙，亦语音之讹也……"东郊土语中，钱、全音同。全福桥为全姓人家所建，全氏出自泉姓，泉姓源于北方。西周时期，人们称钱币为"泉"，因此设有泉府之官，掌管货币交流和集市贸易。后泉姓改全，泉姓早期主要分布于中原地区。

全福桥旁有一座全氏家庙——全厦庙，《艮山杂志》云："庙额书'全厦'字，其神全姓。里老云：故乡之大族，庙即全氏屋宇改建，故名……"全福桥因这座庙而又称全厦庙桥。南宋时，全厦庙桥因语音之讹，被称为钱下庙桥。"钱下庙与全福桥相望。"成化《杭州府志》记载钱下庙桥属太平乡；康熙《杭州府志》里，钱下庙桥又讹为斜下庙桥、翔鹤庙桥。庙有好几进，外面人到庙里来拜佛，都得经过全福桥，桥下那条河称全溪。1949年后，全厦庙内设立钱下庙小学。

全姓人氏里全琮是一位代表人物。《三国志·全琮传》载：全琮有民望，官卫将军、左护军、徐州牧，娶孙权女为妻。南宋咸淳三年（1267），全氏有女子为皇后，全氏当时在钱塘是最显赫的家族之一。南宋末全氏渐渐衰落，皇太后全玖被元军掳去北方，做尼姑客死他乡，全氏后裔零落四散。元末，原住七宝巷（庆春门盐桥附近）的著名文人全斯立，为避祸到笕桥横塘建"息耘轩"并隐居下来。清乾隆年间，全氏又出著名学者、文学家全祖望。他们都是浙江籍。

全氏所建的全福桥为单拱石桥，做工考究。桥两边有石围栏，齐膝盖高，可坐人；桥顶部凿有图案"云鼓"；云鼓下凿有碗口大的"全福桥"三字（桥两侧均凿有），字迹清晰；桥身两侧各有一副对联，字迹漫漶，难以辨识。桥北侧对联是"序属三秋一水界"对"梁成七月四方口"；桥南侧对联是"□□贵十全众志"对"□□□福四乡"，一边嵌"全"字，一边嵌"福"字（全、福两字很清晰）。这座两面凿有对联的古石桥，如今为杭州市市级文物保护单位。

2013年，全福桥于原址复建，由于附近诸桥大多名存实亡，全福桥、全溪无形之中成了那段历史的坐标与见证。

自改革开放起，该地路以桥名，称全福桥路，全福桥路南起火车东站西广场，北至德胜中路200号。

俞斋郎桥、俞章陆桥

康熙《仁和县志》载："俞斋郎桥，宋时有太庙斋郎。"桥以此名，后讹为俞章陆桥。乾隆《杭州府志》载："俞斋郎，在冯家桥东北。"《笕桥地区古地名资料摘编》载："俞章陆桥，俞章村委会驻地，位于笕桥镇西北，沪杭铁路西侧，村落分布在蔡官人塘河两岸，村中有桥名俞章陆桥，村以桥得名。"

斋郎，系宋时官职，主管太庙祭祀，相传该地曾有一俞姓任斋郎，桥遂以"俞斋郎"名之。《艮山杂志》曾引《宋史·选举志》云："绍兴初，有司请募民入资补官，帝难之。参知政事张守曰：'祖宗时授以斋郎，即今将仕郎也。'盖此事非高宗本意，故寻复禁革。"

俞章陆桥为单孔石拱桥，宽约 3.35 米，长约 15.5 米，拱券采用分节纵联并列砌筑，弧形拱，拱离水面约 2.5 米。该桥是杭州市市级文物保护单位。

范家村、范家弄、范家桥、范家兜

《梦粱录》载："城东胡陈畈等处，其桥有九，名曰范家、徐家……等桥。"《艮山杂志》载："城东太平乡有范家桥，传是南齐范元琰故迹。"范元琰，字伯珪，博通经史，家贫，以灌园为业，村以此得名。

《笕桥地区古地名资料摘编》载："范家弄，位于笕桥镇南 3.4 公里。"范家桥位于范家弄，范家弄又名范家村，1927 年清笕路迂回线修建之前，范家村与下菩萨连在一起。如今该地称范家社区。据传范氏世居于此，六朝时，范家是杭城的三大望族之一，范元琰甘守清贫，始终以圣贤的标准要求自己。曾有人质疑范元琰居住所在，盖杭州以范家命名的桥很多，像钱塘江边的范村也有范家桥。《艮山杂志》载："范元琰，字伯珪，《南史》传称钱唐人。仁和为钱唐析县，似范居此可信。"

东郊有多座范家桥。《艮山杂志》载："徐家桥在猪坊桥北，更北为范家桥，宋志徐范二桥皆与钱下庙桥并载，云在城东胡陈畈等处……范家桥少西，为焦家桥。"这个范家桥位于徐家桥之北，离西面的焦家桥很近，焦家桥今属闸弄口街道下辖董家社区。

民国《杭州地理志·杭州市全市地名一览表》云："闸弄口、闸弄西、闸弄口内、弯儿头、下三条枪、三条枪、北鱼潭（钵盂潭）、范家弄、范家兜、下安村（夏韩村）、岳师桥（岳帅桥）……"《笕桥地区古地名资料摘编》载："范家兜，位于水墩村西 0.25 公里，范姓集居于此，故名。"今《笕桥镇地名图》上分别标出的范家兜、范家村，是两个地方。范家兜也有一座范家桥，在今水墩村三组的面粉厂后，此地与范家弄相距四五里路。以上几座范家桥哪一座为史料记载的？俟考。

张娜儿桥

咸淳《临安志》："张娜儿桥，走马塘。范家村。"《艮山杂志》解释："女儿谓之娜儿，城东方语通。然今桥名、村名皆不闻，惟跨塘庙西北有张家桥，或疑即此桥也。"民间以姓氏命名的桥特别多，但以娜儿命名的，却较为少见。翟灏《城东风土词》写有："乃淘曾是土音操，掉舌翻嫌客户娇。若道茧桥（笕桥）官话陋，行都（南宋）为载娜儿桥。"

从宋时经济生产来看，妇女因参与劳作已获得一定的社会地位。农村许多粮食作物及经济作物，如粮、桑、麻、棉、蔬菜、药材等，都离不开妇女这支劳动生力军。徐清祥先生说：闸弄口一带，丝绸民间作坊和家庭手工业非常发达，"云锦机声"在南宋被列为东城十景之一。清代的城东，"机杼之声，比比相闻"，是杭州最大的手工业机坊聚集地之一。清宣统三年（1911），《中国蚕丝业会报》曰："像杭州东北隅一带的居民，其妇女大半以丝绸络经为业。"

《梦粱录》等典籍中有"娜儿桥"之称。咸淳《临安志》附图中标注的娜儿桥（今已不存），足见宋时"娜儿桥"之名流传颇广。今天，我们仍能在娜儿桥的地名中，依稀感受到往昔东郊妇女努力生产、展现社会价值的情景。

影庵、真觉院

古时的庙、观、庵等建筑，不少具有地标性质（其实今天也是如此），时间久了，经口耳相传，往往"地以庙名"，变成某地的代名词（泛称）。如艮山门外的诸葛祠、闻王庙、真觉院等，皆如此。

咸淳《临安志》记载九曲真觉院："乾道元年建，元系隐静庵。庆元四年，移请今额。"《艮山杂志》载："宋时本尼院（真觉院）建钱唐门外九曲城下，故冠'九曲'二字。其自钱唐迁艮山门前。"

康熙《仁和县志》载："真觉院，在艮山门外东三里许……久废。今顺治戊戌，僧于天即其旧址复创，更名影庵。"里人称铁佛庵。而钦编梵刹册则更名止水庵。

《艮山杂志》载："诸葛庙东有三里亭，乾隆二年新建，以距艮山门三里立名，真觉院即近在亭侧。"

当年的三里亭，位于下菩萨老街的北街尾，抗日战争时期自然坍塌，后由老街豆腐老板发起重建，亭子移至今三里亭十字路口西北侧的马路边。尼克松访华前夕，该亭子因扩建机场路被拆，若将当年拆亭之处，认作真觉院旧址，则不够准确。

清周之麟《九曲真觉院记》云："由艮山而东，可三里许，有刹名真觉院，其来久矣。宋乾道时，曾名隐静庵。陵谷变迁，已为菑壤。今顺治戊戌秋，有临济宗于天和上复草创，更名影庵……"

横塘

原笕桥镇以镇中心的小桥为界，分成桥南、桥北两块，桥北除了临街的两排街面房外，其他大部分属于横塘村范围。如今的横塘社区共有 11 个居民小组。

《艮山杂志》云："纵有浦、横有塘，七里为一纵浦、十里为一横塘。"笕桥的横塘在宋时知名度就很高，咸淳《临安志》载："菜之品，城东横塘一境，种菜最美。"《艮山杂志》又载："横塘市在艮山门外十二里，居民饶庶，土物汇聚，俗有小金陵之称。"一个小乡村被誉为"小金陵"，应说较为少见。

横塘风景秀丽，古有"横塘一境，四季常青""桑麻田在水村中"之说。春桃、夏荷、秋菊、冬山茶，历史上许多文人墨客流连于此，留下大量诗文。如明朝吴应本所言："横塘一曲水云间，小隐何须更买山。霜落独看黄菊艳，渚青常对白鹭闲。"清翟灏有诗云："横塘春水熨如绘，檐齿高低簇绣层。一带桃花半山路，丰华不负小金陵。"古诗中的笕桥横塘水云、青渚、白鹭、村舍、庭院、沃野、春水、秋苇、桑林、旧苑、短桥、山脉……真是美不胜收。

横塘之匏风古社（防风庙）、福济寺，详见本书第三篇。横塘另有宋吴知阁园、横塘塔，明兵部尚书胡世宁的"胡府""忠鲠祠""石牌坊""衣冠冢"；还有全斯立的"息耘轩"，沈文焱的"南园"，胡祺的"耕乐轩"，胡暹斋的"横溪书舍"，胡稔占的"蕉阴书屋"……

横塘历代出名人。明清时期，有胡世宁、释德祥、莲池大师、项麒、全斯立、汪沆、沈文焱、钟慎、钟顼、钟颙、吴应本、沈心宏等知名人物。自改革开放以来，则有弄潮儿沈爱琴、戴天荣、朱财宝等。

古谚"西有蒋村、东有横塘"，横塘是城东的一块风水宝地。

第三节 其他城东宋韵地名

皋亭山

《杭州市旅游资源分析与评价·江干卷》记载，皋亭山在丁桥，海拔361.1米，为杭州东北诸峰之冠。皋亭山、黄鹤山皆由天目山山脉向东延伸而形成，与半山、佛日山、虎山、元宝山等诸山一脉相连。

皋亭又可作为上述一众山峰的统称，古人所谓"皋亭"实对应今日拱墅区、临平区、上城区三区地域。皋亭山最早记载见诸《唐书·地理志》，宋元多写成"高亭"，亦名东皋。因其为杭城北部的屏障，历来为兵家必争之地。而《水浒传》中也有皋亭山的相关描写。

南宋后期，宋宁宗曾御书"皋亭山"三字匾。宋末，元兵来犯，扎营皋亭。文天祥临危受命，上演铁骨铮铮的"皋亭抗论"一幕。文天祥，理宗时状元，时任右丞相兼枢密使，至皋亭与元军统帅伯颜力争，并言"但欠一死报国"，可谓掷地有声。后果然于元大都杀身成仁，留下感天动地的《正气歌》。文氏在皋亭及北行途中所作诗歌有《所怀》《自叹》《铁错》《和言自韵》《愧故人》《求客》《思蒲塘》《使北》《气概》《唆都》《二王》等多首。

宋时，皋亭已是赏景佳处。在苏东坡好友、智果寺僧释道潜（参寥子）眼中是"赤叶枫林噪晚鸦"，在南宋学者敖陶孙笔下则为"清泉白石可忘机"，而李羮、汪莘、汪元量、项安世等皆曾至此并留有诗作。

皋城、古城山、韩蕲王将台

黄鹤山之西有龙驹山，再西有古城山。《杭州市地名志》载，皋亭山东南有古城山，上有钱王寨，城基隐约可见。原丁桥镇皋城村地名即因此而来。此处遗址，似即当年吴越与来犯的南唐军队鏖战之处，因稍后乐史（930—1007）的《太平寰宇记》中已记载"皋亭山……山上有石城，周回十里"。

南宋初年，"苗刘兵变"，韩世忠领兵勤王南下，沿着上塘河水路经过皋亭（叛军有在上塘河支流施何村河设置鹿寨的记载）。因此，古城山上的城基也可能是"韩蕲王立将台"之所在。韩蕲王即韩世忠，康熙《仁和县志》载"韩蕲王立将台于山上，今其基尚存。山下周围皆驰马角艺之区"。后吴锡麒登临，有《韩蕲王将台》（三首）。今拱墅区也有古城山地名，点将台究在何处尚可讨论，然韩世忠军队在皋亭一带活动则无可置疑。

丁桥曾出土韩瓶，文献中此物"崇二尺，厚寸，围尺半，直腹，背微坳，耸口旁有双耳，其色黝然"，称为"甀"。相传在岳飞、韩世忠军中，大将的酒瓶皆为亲兵所负，故民间附会"背甀军"之名源于此。"背甀军"过境，还衍生出"岳庙渡"等地名。

赤岸、鲍家渡、赤岸河

赤岸，在丁桥街道沿山一带。此地段山体有一种"羊肝石"，因石质细腻，呈羊肝色而得名。乡人说，羊肝石，又称砥砺石，剃头师傅用其磨刀。羊肝石经自然风化后形成的泥土呈现红色，遍布河岸。赤岸，或即因此得名。北宋时，赤岸当已形成驿站，至南宋绍兴年间建成班荆馆。

淳熙三年（1176），南宋大臣周必大在赤岸接待北使，留下了较早涉及赤岸的诗章。此外，赵蕃、方回等宋代文人，以及王恽、释善住、朱同等元明文人皆有所作。而宋人笔记《四朝闻见录》中，更是提到宋高宗因嫌弃大内周围群鸦聒噪，命令修内司诸儿将其驱赶至赤岸，但久之复归的趣事。

赤岸其地，一说为东起鲍家渡，西至徧福寺。鲍家渡，《杭州市地名志》载，相传南宋时，此地有义士鲍士安上山为寨，其妹妹在此以船渡兄，故名。附近自然村也因渡得名。

赤岸河，又称赤岸港。"港"为丁桥当地方言，内河中一头通航者称"浜"，两头俱通者称"港"。咸淳《临安志》载："赤岸河，在赤岸南，自运河入，通高塘、横塘诸河。"高塘，即高地上自然村，以前叫高塘村。而运河，即今日之上塘河。赤岸河，大致与西南—东北走向的上塘河（丁桥段）垂直相交，民国后渐渐不通舟楫。后成为沿山村与皋城村的分界线。

今丁桥皋亭山景区设有赤岸古埠，保存有赤岸桥、赤岸亭。

班荆馆、承天宫

　　班荆馆是接待外国使者的国宾馆，南宋时的班荆馆，主要接待南来的金国使者。有评论认为：班荆馆所在地，在上塘河北、赤岸港西。其依据是周必大《文忠集》的记录："丙辰黎明……径出北关，杭一苇，疾驰三十里，至赤岸、高（皋）亭峰，登岸百余步，候馆遍福院……"算下来，宋代此地至城内老上城区腹地的水程，大约是一天。比如当年陆游出杭州，头日从清波门出发，第二天中午即可到赤岸班荆馆前亭小休。

　　宋光宗时，金使来贺重明节，倪思书写《重明节馆伴语录》。从书中可见一般接待流程：宋朝迎接官员先一日做准备，次日迎接，第三日自班荆馆启程一同乘船进城。至清代，考据风起，厉鹗等有《南宋杂事诗》，其中符曾、吴焯、赵信等作皆涉及班荆馆。

　　承天宫，在赤岸上塘河边，今有公交站承天宫桥站，地址在临丁路与绕城高速交叉口北侧。承天寺，建于宋代嘉泰年间，宁宗嘉定年间题额，久废。翟灏《承天宫向为女道士居今被僧占额曰古承天寺》诗有句"丹客初构架，天书锡琼版",后注:宋宁宗御书"承天"二字。承天宫主尊供奉后土神,全名承天效法后土皇地祇,是主宰大地山川的女性神,道教尊神"四御"之一。

妙果院、无量院、宝庆院、慈荫院

宋时,赤岸地方有妙果院,淳熙年间移至盐官废额,见淳祐《临安志》。又有无量院,嘉靖《仁和县志》云"在赤岸村,宋淳熙间请是额"。宝庆院,在赤岸南,宋嘉定年间建,元末遭兵毁,明天顺二年(1458)重建。

慈荫院,俗呼宋家庵,《杭州市旅游资源分析与评价·江干卷》认为其址在丁桥皋城社区。南宋时,清了禅师继开山崇光寺后,又在此开设道场,弘经讲法,留下著作多部。圆寂后,谥悟空法师。其两传弟子如净后主持净慈寺。

上水陆寺

城东外水陆寺,建于吴越国末期。城南的上水陆寺,据明代文献,建于宋初太宗时期。

与嘉靖《仁和县志》几乎同时成书的《西湖游览志》中，提到上水陆寺的始建年代，其云"在狮子巷。宋太平兴国七年（982），生法师建；咸淳间，僧师则重修"。大狮子巷居民区，直至2001年才为紫阳街道袁井巷社区所代替。

清人诗中多写到水陆寺的银杏，此与明代记载相符，而诗中还经常提到的南宋绍兴年间石幢，却不知为何被明人所忽略。

辨利院

辨利院实为城东早年著名古刹，惜今已湮没无闻。院址在京杭大运河京江桥北堍东侧，俗称井亭庵。南宋淳熙八年（1181），由德宝禅师创建，初名庆庵。南宋嘉泰元年（1201），讷法师上请"辨利讲院"额。秋，监院永智立石以记其事。明成化年间，辨利院列名于《杭州府志》。明隆庆二年（1568），院中出土南宋石幢，曾凤仪有诗记之。晚明，陈继儒、黄汝亨、吴太冲等高士题额或书碑记。

清代此处为"临江十八院"之一，香火鼎盛。乾隆年间，乡贤翟灏、吴颖芳重修《辨利院志》。"西泠八大家"之丁敬、蒋仁，以及金农、厉鹗、魏之琇、朱文藻、清末慈善家丁丙、近代弘一法师均与之结缘。寺中原有历代观音画像（徐渭、罗聘、奚冈等作）等珍藏，现除部分流散南通外均已无存。辨利院20世纪30年代后渐缺记载，原有"春草塘、桑阜亭、生生泉、涤月池"等四胜更是无从寻觅。

《艮山杂志》中，翟灏记录辨利院石幢周遭七面有"皇宋淳熙"字样，不禁发出"当时白雁东南来，空王旧宅飞劫灰"的感叹。

月塘寺

月塘寺，"临江十八院"之一，始建于宋代，因建于月塘边而得名。原址约在彭埠老汽车东站位置。嘉靖《仁和县志》记载，月塘寺"旧在月塘北，宋淳熙五年建，赐真如院额，嘉熙三年潮坏，淳祐五年重建于何衍店。元至正初，潮水复坏，迁建高原，元末毁。洪武间复建，今归并白石寺"。

寺内除天王殿、大雄宝殿外，还建有药师殿，供奉药师佛及日光、月光菩萨。民国时期，寺内有僧人 4 个，住持为月清，20 世纪 50—60 年代月塘寺渐被废弃，原址成为景阳观酱菜厂的生产车间。

月塘寺内环境幽静，古木参天，绿树浓荫。寺院门前还有一戏台，逢年过节常有戏班子来此演出。

夏衍在其自传中，对月塘寺有过详细描述。

月塘寺曾吸引无数高僧名师驻足，中国佛教净土宗第八代祖师莲池大师年轻时曾在此处就读。

福善禅院

福善禅院，"临江十八院"之一，咸淳《临安志》载："福善院，在城北五里，绍兴间移请今额。"福善院为彭埠史料记载中最早的寺庙之一。

《辨利院志》记载，福善禅院"东去辨利院四里，在临江五图，豆腐桥南，清风明月桥北"。约原来彭埠前新片一带。毁圯年月不详。

福善院是城东名刹辨利院分院，俗称夏家庵，曾几次湮废并重建，康熙《仁和县志》云："院在艮山门外五里，宋绍兴间建，岁久湮废，明崇祯己卯，迁城东临江五鄙，殿宇辉煌，金松弘法师驻锡焉。"

《辨利院志》云："康熙十八年己未，众请辨利院之金松法师主之，道风大振。辛巳，重振前后两殿，建两厢及丈室小楼，俗呼夏家庵。"

民间考证，彭埠豆腐桥南，明月桥北，原彭埠三队，现环站南路与东宁路交叉口位置，曾有千瑞寺，20 世纪 40 年代尚存，后坍塌，寺庙西有 2—3 个和尚坟，似塔高耸，有石碑，坟和碑在 1958 年左右被推平，疑为福善禅院遗址。

明月桥

明月桥，为"彭埠八桥"之一，位于原彭埠集镇南、今彭埠互通立交附近，原为三孔石板桥。咸淳《临安志》在记载城外诸桥时有"明月桥"名。民国《杭州府志》载："艮山门外有清风明月桥。乡人诗人亦心醇（式）云：短梦惊秋鬓易消，怀人心绪自无聊。争知白酒黄花社，多在清风明月桥。"

上城地名拾萃

药王庙

在咸淳《临安志·浙江图》中，东青门外3余里，御马神场侧，距太平桥约70丈，有庙建于宋太平兴国六年（981），初额太平药王庙，建炎年间改额。太平桥因有太平药王庙而名。

土地庙

在咸淳《临安志·浙江图》中，东青门外4里，长生巷盐仓东，距周公头右军教场50余丈，有庙建于宋元祐五年（1090），初为潮神庙，后改为土地庙，庙神为伍子胥。

五圣庙

在咸淳《临安志·浙江图》中，距东青门外4余里，长生巷北20丈，有庙建于宋天圣元年（1023），庙奉伏羲、神农、炎帝、文王、周公五圣，其东离土地庙约30丈。

茶槽

茶槽为旧地名，南宋设有"茶槽巡检司"，主事者即称"茶槽巡检"。其范围可能较大，咸淳《临安志·浙江图》中，东青门东北近江堤处标记有"茶"字样。同书又提到城外设有四壁，"东壁东至螺蛳桥，接连茶槽桥界土门铺地分"。螺蛳桥地近螺蛳门（今清泰门，俗呼螺蛳门），也就是说，茶槽南沿至少在今日清泰门外。

茶槽设有盐场，海盐煎取技术在宋代杭州得到广泛应用。茶槽盐场附近的仁和场移建至螺蛳门外后，民间留下了"螺蛳门外盐担儿"之说。

采荷路

采荷路地名源于境内采荷桥，采荷桥跨荷花荡上。宋代"临安三志"记载，城南左厢菜市塘地方，有蔡湖桥，即其初名，嘉靖《仁和县志》卷二云："清泰门外……蔡湖桥，去城百步"。后讹为綵河、采荷。《艮山地理书》云："循城河再南，过外綵河桥（东有里綵河桥），与清泰门外直街合。"

20世纪80年代前，此地是大片的蔬菜地，后建成大型住宅区，以"采荷"命名。1987年，域内设采荷街道，今辖荷花塘、双菱等15个社区。

采荷路西起凯旋路，原东至双菱路，后延伸至秋涛路，全长约1553米，宽约35米。因路东段有采荷桥而得名。另外，在四季青服装市场边上有采荷支路，南起杭海路，向北横穿采荷路与双菱路相通。

唐宋以后，钱塘江江道杭州至尖山段经历南大门、中小门、北大门3次较大的江道变迁，辖区境域随之发生变化，四季青、彭埠、九堡部分区域渐成陆地。

由于钱塘江巨大的历史变迁，上城区除目前沿江街道外，其他街道也遗留不少与钱塘江相关的地名。如采荷街道的观音塘、凯旋街道的断塘头、清波街道的伍公庙等。这些地名，大多与海塘、江潮及民间传说有关，具有较高的历史文化价值和研究价值。本篇从与海塘相关地名、与江潮相关地名及其他与钱塘江相关地名3个章节，力争较全面地反映自有历史记载以来，尤其是唐宋以来遗留在上城区辖区内的钱塘江地名文化。

第二篇

钱塘江地名文化

刘平安

钱塘江文化是上城区除宋韵文化外，最重要的核心文化之一，上城区有6个街道与钱塘江毗连，分别是南星街道、紫阳街道、望江街道、四季青街道、彭埠街道、九堡街道。在长期的历史演变中，这些区域留下了丰富的钱塘江地名文化遗产，如候潮门、秋涛路、一至九堡堡房地名等。

由于钱塘江历史上变迁频繁，远古时期，上城区辖区内的杭州大部分区域均系湖海相连的海湾。东汉华信筑塘，堤西成湖，堤东泥沙淤积，渐成陆地。至隋代，置杭州，州治设于辖区凤凰山麓，辖区陆地面积逐渐扩大。五代时，钱镠筑钱氏捍海塘，辖区海塘以西区域基本脱离潮患，大部分境域得以繁荣发展。

第一章

与海塘相关地名

钱塘江海塘是卫护杭嘉湖平原及宁绍平原免受洪潮侵袭的屏障，是我国古代著名的水利工程之一。钱塘江海塘分为南岸海塘与北岸海塘，北岸海塘自杭州西湖区转塘街道狮子社区起，经杭州市区到嘉兴海宁市、海盐县，最终至平湖市金丝娘桥。杭州上城区段海塘自闸口至九堡，是钱塘江海塘的重要组成部分，蕴含的海塘地名文化极为丰富。

钱塘江海塘从时间来看，自东汉始至今长达近 2000 年；从结构来看，历经土塘、柴塘、石塘、竹笼石塘到鱼鳞石塘，塘工技术不断提高。同时，在海塘的修筑中，又涌现出不少名留青史的人物。

第一节　汉代以来钱塘江海塘修筑及主要海塘地名

防海大塘

杭州的海塘最早记载见于东汉时期，《水经注》引《钱塘记》载："防海大塘，在县东一里许，郡议曹华信家议立此塘，以防海水。始开募，有能致一斛土者，即与钱一千，旬月之间，来者云集，塘未成而不复取，于是载土石者皆弃而去。塘以之成，故改名钱塘焉。"此为海塘的肇始。此后西湖与钱塘江隔离，杭州逐渐进入西湖时代。华信筑塘的位置，一般认为是北起宝石山麓，南至今上城区的万松岭下。防海大塘的修筑，使杭州上城区境内出现了最早的海塘地名。

汉至五代前，史料无明确记载杭州海塘，但是，《海塘揽要》载"有盐官。有捍海塘堤，长二百二十四里，开元元年重筑"，既说重筑，说明之前已存在相当规模的海塘工程。从"二百二十四里"的长度来看，应该包括了整个杭州段。而且从钱镠筑塘吸取前朝海塘修筑失败经验来看，五代前的海塘修筑应该是一直存在的，只是由于杭州当时城市地位不高，史料鲜有记载而已。

钟毓龙《说杭州》记唐钱塘令李子烈，以潮坏民居，三笺丞相。诏与钱二十万，筑长堤，为数十年计。并认为堤在凤凰山南，堤成后作南亭子以为纪念。唐代李子烈筑长堤事，出自杜牧的《杭州新造南亭子记》。另唐代有石瑰筑塘传说，但具体地址无法考证。

钱氏捍海塘

五代时期的钱氏捍海塘，是杭州正史记载的第一条海塘，也是知名度最高的海塘。《吴越备史》载："八月，始筑捍海塘。王因江涛冲激，命强弩以射涛头，遂定其基。复建候潮、通江等城门，初定其基。而江涛昼夜冲激沙岸，板筑不能就。王命强弩五百以射涛头……既而潮头遂趋西陵。王乃命运巨石、盛以竹笼、植巨材捍之。城基始定。"

钱氏捍海塘以竹编为笼，将石块装在竹笼内，码于海滨，堆成海塘，再在塘前塘后打入粗大的木桩加固，还在上面铺上大石。石塘附近，"悉起台榭，广郡郭周三十里"，即展筑东南城垣，新建通江、候潮两门。候潮门即今址，通江门在候潮门与望江门之间。另于钱塘江沿岸兴建龙山、浙江两闸，以阻止咸水倒灌，减轻潮患，扩大平陆。

钱镠在堤坝外面竖立的几十行大木桩名叫滉柱，能缓解大潮的冲击力。滉柱用的是日本人所献的椤木，日本椤木质地良好，为当时建筑用的稀有木材。可惜这些滉柱在宋代不断为民所盗，至仁宗宝元、康定间，有人竟然献计，说取这些滉柱可得良材数十万。杭州主帅竟然听信，结果滉柱一空，海塘很快就被大潮所毁（《梦溪笔谈》）。后张夏筑塘等皆源于此。

1983 年在江城路立交桥，以及 2014 年在平安里相继发现了钱氏捍海塘遗址，根据资料和考古发现，钱氏捍海塘走向应为六和塔至艮山门附近（约景芳亭一带）。

钱氏捍海塘的修筑，拓展了杭州的城市发展空间，为"杭越（绍兴）易位"奠定了基础。吴越之前，杭州城市狭小，大体南到凤凰山，东至盐桥河，西至西湖，北至钱塘门。钱氏捍海塘修筑后，城市范围大幅度扩张，东起包家山，东北直至艮山门，往西至武林门，形成了腰鼓城的格局。

　　钱氏捍海塘在海塘修筑史上有着举足轻重的地位，为后代海塘的修筑提供了新的思路和重要的借鉴，其蕴含的海塘地名文化也具有重要意义。而钱镠也因为钱氏捍海塘的修筑而成为海塘修筑史上的重要人物，关于他筑塘抗潮的民间传说不胜枚举，如"钱王射潮""打龙王""痛打潮神"等。

景祐石堤、张夏石塘、龙山堤、政和堤

　　由于从唐代至明代钱塘江江道基本走南大门（南岸在坎山、西兴一线，北岸在赭山一线），江道较直且直冲杭州，而且唐代到宋代，钱塘江时有变道走北大门的现象，常冲毁海塘，故杭州段海塘的修筑比较频繁。

　　北宋年间，杭州段海塘修筑工程主要有5项，即大中祥符五年至九年（1012—1016）堤塘、景祐石堤、张夏石塘、龙山堤、政和堤。这5项修筑工程，有3项明确涉及上城段。

　　大中祥符五年至九年堤塘，《宋史》卷九十七记载：

"大中祥符五年，杭州言浙江击西北岸益坏，稍逼州城，民居危之。"于是先"率兵力，籍梢橇以护其冲"，大中祥符七年（1014）则"复用钱氏旧法，实石于竹笼，倚叠为岸，固以椿木，环亘可七里"。逾年潮始却，"出横沙数里，堤遂成"。该次修筑未明确海塘位置，所以无法考证。

而景祐石堤，《海塘录》记载："景祐三年，知杭州俞献卿凿西山石，作堤数十里。地未详何处。"钟毓龙《说杭州》认为堤应在六和塔至东青门之间，并以为"数十里"为夸大之词。

张夏石塘筑于北宋景祐四年（1037）。钱氏捍海塘滉柱被取空后，潮水直冲海塘，海塘不断被毁。《海塘录》记载："工部侍郎张夏作石堤一十二里，自六和塔至东青门，众赖以安。"一说"长四千六百四十丈"。东青门位于今庆春门西约 0.82 公里处，从距离来看，张夏石塘几乎全部位于上城境内。

张夏是海塘史上的重要人物，祖籍雍丘（在今河南杞县），出生于萧山长山（今楼塔、河上镇一带）。张夏的事迹主要流传于萧绍一带。

宋景祐年间，张夏以工部郎中出任两浙转运使。当时，杭州主城区、萧山钱塘江两岸堤塘多用木柴、泥土填筑，江岸经常坍江。

张夏吸取前朝筑塘经验，首用石块砌塘，他命人在钱塘江起潮时撒下砻糠，以砻糠搁浅处为筑塘地基，在没有水准仪的时代，这不失为一个科学的方法，然后以绍兴的条石为材料，垒成牢固的石砌塘，塘外打入松桩加以保护，自西兴一直筑至坎山。这木石并筑的塘堤，有力地抵挡了涌潮的冲击，延长了江堤的寿命。后又特设捍江兵五指挥，专门采石修塘，并创筑直立式石塘 12 里，开启了钱塘江修塘组织建设和重力式石塘修建的先河。

民间百姓对张夏的称呼有很多种：张神、张神菩萨、张老相公、张神大帝等。沿江各地，尤其是杭州、绍兴、嘉兴、宁波等地，均建有张神庙。

龙山堤筑于北宋庆历四年（1044）至庆历六年。咸淳《临安志》记载："后七年夏六月，大风驱潮……堤之土石啮去殆半……堤长二千二百丈，崇五仞，广四丈，自龙山距官浦二千丈，修旧而成，增石五版，为十三级。自卸香亭下创为二百丈，石坚土厚，相为胶固。"龙山即玉皇山，官浦即柳浦，后演变为浙江码头，位于现南星桥附近。今白塔岭至凤山门尚有一条龙山河，其走向与当时的龙山堤是否一致不得而知，但估计误差不会太大。

政和堤筑于北宋政和年间，《宋史》记载："知杭州李偃……乞依六和寺岸用石砌叠。乃命刘既济修治。"民国《杭州府志》记载："李偃言汤村、岩门、白石等处并钱塘江通大海，日受两潮，渐至侵啮，乞依六和寺岸，用石砌叠，乃命刘既济修治。"汤村、严门、白石应为汤村、岩门、白石，汤村即乔司，岩门在现萧山南阳街道的青龙山和白虎山之间，宋代钱塘江走南大门，岩门在江北，白石即今彭埠、笕桥一带，政和堤从六和塔沿彭埠、乔司至岩门，大部分在今上城境内。

乾道石堤、嘉熙土堤（土备塘、备塘路）

南宋时期杭州段明确记载的比较重要的海塘修筑工程有 2 项，即乾道石堤、嘉熙土堤。

乾道石堤修筑于南宋乾道七年（1171），《敕修两浙海塘通志》记载："沈夏复修石堤成增石堤九十四丈。"另民国《杭州府志》记载："钱塘庙子湾一带石岸复毁诏令增砌。"

庙子湾应在秋涛路一带的三廊庙，属现上城境域。

嘉熙土堤修筑于南宋嘉熙三年（1239），民国《杭州府志》记载："自水陆寺之下，江家桥之上，近江港口，筑坝一，南北长一百五十丈，自团围头石塘近江筑捺水塘一，长六百丈，自六和塔以东一带石堤，添新补废计四百余丈。"《海塘录》记载："嘉熙土塘一在宋东青门外十二里殿司右军教场之侧，一在团围石塘北，宋知临安府赵与欢筑。嘉熙戊戌秋，潮由海门直捣月塘头。己亥六月，诏与欢修筑。与欢奏先于傍近筑土塘为救急之术，然后于内筑石塘。因自水陆寺之下江家桥上近江港口筑坝一，南北长一百五十丈，今江家坝桥是也。又自团围头石塘近江筑捺水塘一，长六百丈。又六和塔以东一带石堤，添新补废四百余丈。"从所载史料来看，该塘在现上城域内，所筑海塘有两部分，一为添补的石塘，一为土塘。

土塘位置根据《海塘录》的记载，"东自李家村，西至接塘头八仙石止，俗称老土塘，疑即宋赵与欢所筑土塘也"。李家村即原彭埠普福村一带，八仙石在庆春门外1公里。老土塘民间称土备塘，是钱塘江两岸保存时间最长、最完整的海塘之一，高约3米，宽2—3米，20世纪70年代大部分尚存。20世纪70年代末大部分被平整，四季青水湘村和彭埠新塘一带部分土塘至21世纪初尚存，目前仅存彭埠备塘路地名。

> 方家塘，黄濠塘，孙家围塘，
> 仁和十九都、二十都堤，仁和海塘

元代以后，南大门基本稳定，钱塘江潮对北岸的危害相对减弱，因此，元明时期，海塘修筑明显减少。其中，元代杭州海塘无明确修筑记载。

明代杭州海塘主要修筑记载有4次：永乐九年（1411）所筑方家塘；永乐九年所筑黄濠塘；永乐十一年所筑仁和十九都、二十都堤；永乐十八年所筑仁和海塘。

永乐九年（1411）所筑方家塘，《海塘录》记载："方家塘在汤镇。永乐元年重筑。"当时汤村（乔司）包括现上城九堡部分区域，该塘具体位置待考。

永乐九年（1411）所筑黄濠塘，《海塘录》记载："黄濠塘孙家围塘在仁和。永乐九年修筑。"另外，康熙《杭州府志》载："九年秋七月修仁和海宁塘岸……潮水冲决仁和黄墚塘三百余丈,孙家围塘岸二十余里。"从"仁和""三百余丈""二十余里"可推断,该塘应涉及现上城境域。

永乐十一年（1413）所筑仁和十九都、二十都堤,民国《杭州府志》载:永乐十一年,"采竹木为笼柜,伐皋亭山块石纳其中,叠砌堤岸以御江潮"。仁和十九都、二十都,根据汪胡桢《钱塘江海塘沿革史略》,约在今七堡至赭山间,含今上城境域。

永乐十八年（1420）所筑仁和海塘,《钱塘江志》记载:在永乐十八年,潮水沦没海宁、仁和海塘,坍塌长达4100余丈,后发动军民修筑,至次年方止。仁和与海宁县界在翁家埠十七堡,此处无法明确是否涉及今上城境域。

范公塘、柴塘、鱼鳞石塘、丁字坝

清代以后,随着钱塘江改走北大门,北岸的防御压力大增,海塘的修筑次数也明显增加。为了长期有效地解决钱塘江北岸潮患,乾隆年间开始大规模地兴建鱼鳞石塘。所以,清代海塘修筑记录大都在乾隆年间及之前,乾隆后,海塘修筑频次大幅度减少。

下面为清代涉及上城境域的重要海塘。

康熙三十八年（1699）、康熙四十年海塘，《杭县志稿》记载：康熙三十八年"自望江楼起至云栖下部并古头埠共三十九丈一尺，显应庙至大郎巷共六十三丈，又梵村蜈蚣岭等处共五百五十三丈，仁和自银杏埠至大郎巷共一百六十二丈，自大郎巷至来家埠景家埠共七十九丈五尺"。但该塘没过几年又溃。于是康熙四十年海塘再次重修。乾隆《杭州府志》记载：康熙四十年"自三郎庙起至显应庙、中沙井、永福桥至节妇牌坊、李家桥止，又银杏埠、阮家埠等处共二百七十一丈三尺，又续报坍塘自凉亭起至中沙井一带至大郎巷并放生庵至大通庵、化智庙止，共修二百八十七丈，又关帝庙至永福桥、大通庵、镇海庵，共筑子塘五百九十八丈四尺，来家埠至中沙井、显应庙，共子塘二百九十七丈二尺，仁和县江塘自下泥桥至卢家桥、镇海庵止，共四十一丈"。

康熙五十五年（1716）海塘，《海塘录》记载：康熙五十五年"七月连雨江涨，自徐、梵二村至转塘头石塘冲坏，总督满保、巡抚朱轼委、杭州知府张恕可修筑。钱塘县江塘自天字一号至三十七号止共六百八十一丈六尺，潮神庙、海月桥、篮儿路等处，共八十丈二尺，龙王庙起拆砌总管庙老塘共二百二十七丈，又三郎庙前子塘三十二丈五尺，小桥头老塘子塘共八十丈一尺，兵马司前十七丈，又仁和县中二下节地方老塘子塘共二百二十九丈"。

雍正五年（1727）海塘，乾隆《杭州府志》记载：雍正五年，"修钱塘县江塘善利院左侧三郎庙前坍塘五丈，午山一带葛家坟六和塔等处坍塘二十五丈四尺，转塘头上首汪家地前二十丈，栅外一鄙王伯卿地十丈，五云牌坊萧霭然地前四十一丈，定北四鄙鸡鹅场五十七丈，仁和县江塘总管庙前十一丈，化智庙四丈一尺，大郎巷前十丈三尺，黄童庙十八丈五尺"。

雍正八年（1730）海塘，《浙江通志稿》记载：雍正八年"修筑仁和县临江七图周家桥一带官塘"。临江即临江乡，今彭埠区域。

乾隆元年（1736）至乾隆二年海塘，《海塘录》等有关资料记载：乾隆元年至乾隆二年，仁和海宁塘成，"自宁邑念里亭迤西至浦儿兜止，又自浦儿兜迤西至仁邑李家村止，又自念里亭迤东至尖山石塘马头下坡往南止"，乾隆二年九月，又奏请兴筑钱塘仁和海宁江海塘堤，"仁和县自总管庙起，至化支庙等处，江塘七段，共长七十六丈，钱塘县自流芳岭起，至狮子口张介凡等门首，江塘二十一段，共长九百二十丈"。李家村即原彭埠普福村。

乾隆四年（1739）、乾隆五年、乾隆三十九年、乾隆四十二年、乾隆四十五年、乾隆四十七年修筑总管塘、观音塘、范公塘等多处江塘。（钟毓龙《说杭州》）

乾隆四十九年（1784）至乾隆五十年海塘，《海塘新志》记载：乾隆四十九年至乾隆五十二年，"新建仁和县章家庵至范公塘七堡鱼鳞石塘二千一百二十丈"。范公塘七堡位于彭埠。

道光元年（1821）至道光十九年海塘，民国《杭州府志》记载：道光元年至十九年，累计完成新建戴家石桥、杨家庄以及海宁至尖山一带鱼鳞石塘718丈；新建范公塘与尖山韩家池条块石塘两段，计803丈。

同治五年（1866）至光绪六年（1880）的海塘修复，因太平军战事影响，疏于修防，咸丰朝至同治初，海塘出现大量坍溃缺口（到同治六年缺口已达4700余丈）。此后各年先后分批建复海宁绕城、仁和八堡至海宁七里庙、海宁普济庵至旧仓、念里亭大口门等处鱼鳞石塘共5510

丈。咸丰、同治、光绪三朝，还在钱塘、仁和、海宁三县（州）境内拆修重建鱼鳞石塘、条块石塘3122丈。(《钱塘江志》)

范公塘，建于康熙九年（1670），范公塘因康熙年间重臣范承谟而得名（范承谟为北宋名臣范仲淹第十八代孙）。传说范承谟与杭州城东颇有缘分，他曾在石陡门桥梅园遇水月老人（传说老人曾活200余岁），老人测其后事，暗示他别碰三大藩王之一的耿精忠。二人相谈甚欢，范承谟告辞后便决定为老人建百步塘，并刻300字《百步塘记》。后范承谟被水月老人不幸言中，死于耿精忠之手。《百步塘记》也成了范承谟留于杭州的绝笔（事见《艮山杂志》）。《说杭州》记载，杭州孤山曾建有范承谟祠，不知毁于何时，2005年在孤山重建范公亭，但纪念的是范仲淹，而非范承谟。

范公塘在清代记载并不多，仅雍正《西湖志》略有记载：康熙九年（1670），浙江总督刘兆麟、巡抚范承谟主持修筑运河、塘堤。筑成石塘4383丈，桥63座。这里记载得比较模糊，"塘堤"是否包含范公塘？范公塘是否是石塘，具体位置在哪里？这些都不够明确。但从乾隆三十年

（1765）《安澜园至杭州府行宫道里图说》和乾隆《杭州府志·海塘图》上可以看到，范公塘始于先农坛和景芳亭一带，延伸至七堡、八堡，但并非石塘，应为土塘，至乾隆时已加固为柴塘。钟毓龙所著《说杭州》中也认为最初的范公塘为土塘。

乾隆帝对范公塘非常关心，甚至还写过关于范公塘的诗：

阅海塘四叠旧作韵

己卯以来潮近塘，廿余年未涨沙良。

虽然救弊柴易石，尚未获安海变桑。

纵看鱼鳞一律巩，惭听额手万民庆。

范公堤更应筹固，暇日民艰廑弗遑。

乾隆帝几次下江南，见杭州段仅范公塘一条柴塘，便多次提出要加固。乾隆四十七年（1782），乾隆帝下令在仁和县范家埠、范公塘等处修建柴塘阻水。乾隆四十八年，他又下令，沉满载石块之大船 34 只于水底，以固塘根，另筑多座范塘石坝。但这些都不是永久性措施。乾隆帝最后一次下江南后，终于对此做出批示。"至范公塘一带，亦必需一律接建石工，方于省城足资永远巩护。著自新筑石塘工止处之现做柴塘及挑水段落起，接筑至朱笔圈记处止，再接筑至乌龙庙止，亦照老盐仓一带做法，于旧有柴塘、土塘后，一体添筑石塘，将沟槽填实种柳。并著拨给部库银五百万两，连从前发交各项帑银，交该督抚据实核算，分限分年董率承办工员实力坚筑……以期海疆永庆安恬，民生益资乐利，该部即遵谕行。"（《清实录》）随后拨款 500 万两银子，限定 5 年内自东而西分期修筑完工，范公塘全部得以改造成石塘。此后，范公塘便成为钱塘江北岸杭州段的主要海塘。

钱塘江历代海塘主要分土塘、柴塘、石塘。早期海塘限于经济因素，基本上以土塘为主。柴塘由柴、土层加压筑成，始于宋代。清代曾在上城区彭埠沿江区域大规模修筑柴塘。石塘又分直立式、斜坡式两种，各朝代在修筑中还创建了多种结构，如五代的竹笼依石海塘、明清时期的鱼鳞石塘。

其中，明清时期的鱼鳞大石塘一直保存至今（上城区九堡的杭州海塘遗址博物馆、丰收湖附近保存多段完整的鱼鳞石塘），是近代防御钱塘江潮的主要海塘类型。此后的海塘基本上在明清海塘的基础上修筑。

鱼鳞石塘始于明代，由黄光升于明嘉靖二十一年（1542）在浙江海盐修筑海塘时首创。塘基部分采用五纵五横的砌石方法，层次如同鱼鳞，故称"鱼鳞石塘"。清康熙五十九年（1720），浙江巡抚朱轼在海宁老盐仓筑海塘时加以发展改进：在每塘塘石上下左右均加凿槽榫；在合缝处加灌石灰糯米汁油灰；在条石间加铁攀嵌扣；塘基增设梅花桩。此塘称"鱼鳞大石塘"。鱼鳞石塘全部用整齐的长方形石丁顺叠砌，自下而上垒成。乾隆初年将之定为永久性海塘的标准。

民国以后，人们开始采用混凝土及钢筋混凝土的近代海塘建筑结构形式，增强了塘身的整体性，提高了抗御风潮的能力，同时发展护滩、挑溜等保护塘身的工程建设。

中华人民共和国成立后，政府投入大量人力物力，加固老塘，砌筑新塘，增筑盘头、担水，抛筑丁字坝等护塘工程。其中丁字坝应用广泛。所谓丁字坝，顾名思义，是一段伸入江水（或海水）中的堤，呈"丁字形"，可以减轻江（潮）水对堤塘的冲击，延长堤塘的使用寿命并提高抗潮防汛的能力。

20世纪50年代开始，上城沿江一带开展了轰轰烈烈的筑堤围垦运动，围出了包括今天钱江新城在内的大片土地，修筑了大量堤塘工程。1996年，钱塘江标准堤塘建设工程拉开帷幕，后完成建设，钱塘江两岸的百姓基本摆脱了钱塘江潮患的影响，迎来了安宁的岁月。

新塘、月塘、皋塘、走马塘、横塘、高塘

历史上，钱塘江海塘的修筑远较史料记载的更为频繁，自有史记载以来，除官方修筑外，民间自筹修筑的也不在少数，如清乾隆三十年（1765）《安澜园至杭州府行宫道里图说》中所示，从三堡至乔司沿江一线的"民筑土堤"，以及明清古地图中不少未标注的土塘。而上城沿江一带，至今留存不少与海塘相关的地名，有些仅存零星记载，有些虽无明确文字记录，但可推断与海塘有关。

上城区彭埠街道有一个新塘社区。《杭州市地名志》记载："宋时为月塘，因塘内堤形圆旋如月，故名。宋熙宁间潮水冲决，后复涨沙，又建成塘堤，故名新塘。其西有月

塘寺，始建于宋淳熙间，元至正年间潮水冲毁。迁高地，后毁。于明洪武间重建。"月塘寺于 20 世纪 50 年代被毁，原址建起了景阳观酱菜厂，后成为小商品市场。

历史上，新塘地处潮水要冲地带，海塘屡被冲毁，与筑塘相关的传说较多，影响较大的是陈旭筑塘。《海塘录》记载，陈旭是新城（今富阳新登）茶商，来新塘严家弄一带经商，见该地常遭潮患，便倾资修建海塘。有一年，钱塘江大潮叠加皋亭山山洪，陈旭修筑的海塘被冲毁，因无钱再筑，陈旭悲愤跳江，后沙随尸涨，塘乃成。新塘附近下新庙、中新庙和太平门外的上新庙均塑神像以祭祀，号兴福明王。

皋塘位于彭埠街道，新塘北，《艮山杂志》记载，清代该地称东皋，皋塘地名源于清末宣统二年（1910）的自治改革，彭埠一带原临江乡改名皋塘乡，民国时期又曾设立皋塘区，中华人民共和国成立后仅留下皋塘村地名。彭埠一带因有土备塘，皋塘地名得名应与海塘相关。

走马塘（大致为现机场路及延伸段），南宋时为马路，又称城东九里松，是南宋都城连接北方地域的交通要道。咸淳《临安志》记载："走马塘，在艮山菜市门外。""自赤岸桥、杨家桥、下桥、沙田畈以抵此塘入城，俗呼马路。又与庆春门外大路对言，谓之北塘。此塘只属艮山门外……潜氏石陛门桥、茧桥，皆云艮山门外走马塘，的然无疑。"北塘南起艮山门外，北抵樟木庙桥。咸淳《临安志》卷首《浙江图》标示北塘地名。由于庆春门外也有海塘，为了有所区别，根据地理位置，南面的叫南塘（应该指土备塘），走马塘称北塘，二塘相交于笕桥樟木庙桥，此命名合乎逻辑。根据上述史料，走马塘为古海塘的可能性是存在的。

另有部分研究者认为，笕桥的横塘、丁桥的高塘（现为建塘社区）亦疑似古海塘，但缺乏直接佐证。

杭州海塘遗址博物馆

杭州海塘遗址博物馆位于上城区九堡街道九睦路109号，以2013年考古挖掘的明清古海塘遗址为依托，是目前国内首个海塘遗址类博物馆。博物馆总面积6200平方米，包括遗址厅、海塘文化厅、临展厅和宋韵文化体验空间，是全面展示杭州钱塘江海塘文化，集收藏、研究、体验、教育于一体的遗址类专题博物馆。博物馆通过展板、模型、影片、实物等形式，讲述海塘历史演变和堤塘修筑技术的革新历程，展现了"勇立潮头、大气开放、互通共荣"的钱塘江文化新内涵。

第二节　堡房地名

自清雍正八年（1730）起，为了全面加强对海塘的管理，防御江潮侵袭，清政府决定先在仁和、海宁段采用分防分汛的分级专人管理办法，建立按部队编制的营汛组织。后该制度逐渐完善，扩展到海盐段、平湖段。

为了强化这种营汛组织的护塘御潮力量，各营汛队由当地驻军管辖，归浙江巡抚总管。营汛队成员也以军人为主，称为塘兵，在沿海的附近村落设防。同时在营汛队驻地建堡造房。起于何处，止于何处，依次编号。这种堡既是一种御潮工事，又是营汛队的驻地，所以称为堡房。初期，堡房的构筑比较简陋，有的如同当地农户居住的茅草房；有的堡房所在地原为村落，有的是在堡房建成后逐渐在周围形成村落，由此衍生出一堡村、二堡村等地名。

至清乾隆二年（1737），总理海塘嵇曾筠再次咨部复准，统一编次仁和乌龙庙以东至海宁、海盐、平湖四县境内的钱塘江石塘，均以20营造丈为一号。而这一次编号与此前形成的堡房定位与序号基本吻合。于是，诸堡地名就一直沿用下来，直至今日。

那么，钱塘江北岸到底有多少堡？位于上城境域的又有几个堡？

我们从清乾隆三十年（1765）《安澜园至杭州府行宫道里图说》中可以看到，从杭州到海宁，共标了33个堡。属于杭州境内的有17个堡。而位于今上城区的堡房共有9个，即一堡到九堡，十堡位于乔司三角村，已属临平区。

实际上，钱塘江北岸的堡不是一成不变的。雍正十一年（1733），在仁和、海宁一带建堡房40间，海盐建20间。到了乾隆四十九年（1784），钱塘江北岸共设94个堡，之后成为定制，一直延续到光绪三十四年（1908）。此后，随着浙江海塘工程总局（今浙江省钱塘江管理局）、海塘巡警局和塘工议事会3套机构的设立，堡房功成身退。

从堡房位置看，一堡到十一堡也曾经历变迁。我们从清乾隆三十年（1765）《安澜园至杭州府行宫道里图说》和乾隆《杭州府志·海塘图》中可以看到，当时一堡至十一堡是建在土备塘上的，后在范公塘改建成石塘后，堡房才移至范公塘。

一堡

一堡也叫头堡，清史料载，堡房在乌龙庙，从民国时期的地图上看，其位置对应现在的孔雀大厦一带，目前该地属杭州四季青服装批发市场范围，昔日江边潮患之地，已发展成为闻名全国的服装交易中心。

根据乾隆《杭州府志·海塘图》，一堡最早的位置在八仙石，也就是断塘头附近，约今天凯旋街道接近严家弄的地方。

二堡

根据《杭州四季青志》，二堡堡房在原四季青唐家村南1公里左右，目前该地已发展成为杭州钱江新城的主要区域。

根据乾隆《杭州府志·海塘图》，二堡最早的位置在彭埠新塘南土备塘。

三堡

三堡堡房位于原四季青三堡村，根据乾隆《杭州府志·海塘图》，最早的位置在土备塘青龙闸。

三堡地名一直延续至今，现还保留三堡社区、三堡船闸等地名。尤其是三堡船闸，自 1989 年正式通航后，成为运河沟通钱塘江的重要水利设施，从而使得这个钱塘江沿岸的历史地名得以传承。目前，三堡所在的江河汇已成为杭州钱塘江时代的重要发展区域。

四堡

四堡堡房位于原彭埠御道村杭海路西侧，因清代此处曾建有浙江海塘工程总局，所以在民间都习惯叫四堡为塘工局，公交站名亦沿用此称呼。而四堡所在村，因历史上乾隆帝曾绕道经过附近，所以改名为御道。四堡堡房为木结构三开间平房，建筑面积约 150 平方米，是保存时间最长的堡房，直到 1980 年才拆除，目前四堡所在地已成为钱江新城二期的主要区域。

根据乾隆《杭州府志·海塘图》，四堡最早的位置在土备塘太平闸。

五堡

五堡堡房位于原五堡杭海路附近。五堡因近代以来设有五堡渡口，知名度较高，境内至今留存"渡口路"地名。目前，五堡所在地已成为钱江新城二期的主要区域。

根据乾隆《杭州府志·海塘图》，五堡最早的位置在土备塘潮安闸。

六堡

六堡堡房位于原六堡杭海路附近三官堂。六堡与五堡、七堡、御道（四堡），是彭埠沿江的主要社区，历史悠久，境内有五堰庙、三官堂、五福亭等众多历史遗存。其中，三官堂首次与海塘同期建造，第二次建于民国三年（1914），由六堡二队的宋阿龙发起重修，筑房 3 间，因供奉天官、地官、水官，故名三官堂。

20 世纪 60 年代，六堡利用沿江优势，建起了六堡黄沙码头，成为杭州基建材料的重要供应基地。目前，六堡所在地已成为钱江新城二期的主要区域。

根据乾隆《杭州府志·海塘图》，六堡最早的位置在土备塘原金家埠位置。

七堡

七堡堡房位于原七堡大王庙路 36 号，为木结构四开间平房，建筑面积约 200 平方米。七堡是钱塘江北岸主要集镇，民国时期，七堡老街商贾云集，人气旺盛，有"小上海"之称。从七堡到赭山的七堡渡口是钱塘江北岸的重要渡口，是钱塘江南北水上要道和"活水码头"。七堡渡口一直营运至钱塘江二桥通车才停用。目前，七堡所在地已成为钱江新城二期的主要区域。

七堡境内留存古海塘、大王庙碑、大王庙、海神庙等众多历史遗存。七堡还是一个战略重地，抗日战争时期有不少日军驻扎七堡，老街附近建有众多碉堡，日军数次在此烧杀抢掠。1941 年，日军聚集数万人从七堡南渡，与国民革命军激烈交战。

根据乾隆《杭州府志·海塘图》,七堡最早的位置在土备塘原李家埠(原彭埠普福村)。

八堡

八堡堡房位于九堡街道八堡社区老杭海路附近,因为老杭海路南端至乔司段基本上是在原范公塘和鱼鳞石塘上修筑的,乔司至盐官段则在土备塘上修筑,所以,上城境内一堡至九堡都在杭海路附近。

根据乾隆《杭州府志·海塘图》,八堡最早的位置在土备塘万善闸附近。

九堡

九堡堡房位于九堡街道九堡老街附近,九堡形成集镇较晚,历史上九堡一带比较繁华的集镇主要以宣家埠为主,现在的九堡集镇是在杭海路通车以后才逐渐发展形成的,特别是1952年9月笕桥机场扩建后,宣家埠60余户居民搬迁至此，人口增加，集镇日渐繁荣。改革开放后，九堡集镇进入新的发展阶段，2008 年，杭州市客运中心迁至九堡后，九堡得到了快速发展，目前已成为杭州城东的重要区域。

根据乾隆《杭州府志·海塘图》，九堡最早的位置在土备塘双潭闸以西，宣家埠附近。

第三节 其他与海塘相关地名

塘工局（塘工局路）

光绪三十四年（1908），为了加强对钱塘江海塘的管理，清政府设立了浙江海塘工程总局（简称塘工局）。塘工局是国内较早成立的河口治理机构，早期的主要职责是修建海塘、抵御潮灾、卫护江南水乡平原。其管理范围自仁和县乌龙庙至海宁州谈仙岭，共 51 堡，即现在杭州清泰门至海宁尖山一带。

塘工局的位置就在四堡，其建筑风格很有特色，外形呈圆筒式，类似西方建筑，正门东西两侧主房为黄色洋铁皮瓦椽房结构。正门东侧于 1960 年改建为六开间二层砖木结构楼房一座。整个塘工局大概有 2000 平方米，还有一个小院子。室内铺着洋松地板，用隔热帆布吊顶，配黄铜天窗，冬暖夏凉，很舒服。

1946 年，浙江省钱塘江海塘工程局成立，著名桥梁专家茅以升出任局长，并在四堡塘工局旧址设立杭州海塘工务所。但大家仍然习惯叫它塘工局。

塘工局因杭海路拓宽工程，于20世纪80年代从四堡搬迁至三堡围垦区内。目前，该机构已改名为浙江省钱塘江管理局。

由于塘工局的长期影响，所在地四堡的地名逐渐被人遗忘，以至于公交车站也将站点命名为"塘工局站"。为了传承地名历史文化，御道家园西侧通往火车东站的道路现在已被命名为"塘工局路"。

断塘头、八仙石

断塘头位于凯旋街道景芳亭附近，此地南为石塘，北为土塘，史料中也叫接塘头，如《海塘录》载："土塘，东自李家村，西至接塘头八仙石止，俗称老土塘……"从相关史料推测，断塘头应该为钱氏捍海塘的终点，南宋时土备塘就是从这里开始往东修筑的。清代很多地图将该地标为八仙石，《西湖志纂》记载，八仙石在太平门外2里，旧传宋时石上有仙人聚饮，故名。推测由于八仙石地名相对知名，所以一般学者喜欢用该地名来标注。而民间知道八仙石地名的很少，反而是断塘头，几乎人人皆知。

杭海路

杭海路虽然是一条公路，但实际上也是一条海塘。老杭海路始建于 1927 年，是当时杭州至海宁的唯一交通要道，同时也是抵挡钱塘江潮水的江堤。在 20 世纪七八十年代，五堡一带潮水还时常漫过路面。老杭海路南端至乔司段基本上是在原范公塘和鱼鳞石塘上修筑的，乔司至盐官段则在土备塘上修筑，这一方面是为了节约成本，另一方面是可以通过筑路，来进一步巩固海塘，可谓一举两得。近年杭海路沿线海塘考古发现，进一步证实了杭海路沿海塘修筑的历史事实。目前，上城境内的杨公村和九堡老街还留存着一段老杭海路。

四季青碑亭、碑亭边

四季青碑亭位于采荷街道夕照社区碑亭路与石塘路交

叉口，约建于清乾隆四十二年（1777），1996年前后由村民出资修缮。

碑亭以青石构筑，坐西北朝东南，平面呈方形，占地面积约9平方米。下为石板台基，四根方形石柱立于台基上，三面（除东面外）围长条斩假石凳。柱高约2.8米，上部出雀替承托小额枋，正面枋上雕"二龙戏珠"图案，其余三面雕"如意""海浪"图案。枋上安如意纹柁墩，与柱顶共同承托大额枋。正、背立面的大额枋上置斗栱，承托亭顶。亭顶为歇山式，檐角起翘，檐口饰勾头滴水，正脊雕镂空花纹。亭内正中立石碑一通，由碑座和碑身组成，碑额已佚。碑身曾断为3段，现用胶和铁件固定。碑上刻有浙江捐俸修海塘的官员官职及姓名，为塘成之时（乾隆四十二年）所立。四季青碑亭保存较为完好，其建筑形式体现了清代早期的建筑风格，印证了钱塘江海塘的修筑历史，石碑、石亭完好的组合形式在杭城也为数不多。

原附近村庄因碑亭而得名，名碑亭边。现尚有碑亭边地名及碑亭路。

第二章
与潮相关地名

　　钱塘江大潮是世界三大涌潮之一，潮文化更是钱塘江文化的核心。钱塘江水系的雏形形成于晚白垩世，整个水系形成于始新世至渐新世。距今 4000 万至 1200 万年前的地质时期，钱塘江就有了出海口。钱塘江水系形成后，主、支流在平原河口段改道相当频繁,总趋势是由向北转为向东,尤其是公元 4 世纪后变迁加快。其中,杭州—尖山之间河口段江道,历史上先后有南大门、中小门、北大门 3 条通道。

唐代至明末清初，钱塘江基本上走南大门，其南岸自萧山西兴、长山、坎山、大和山、党山、三江口延伸至曹娥江；北岸自杭州观音塘经赭山、雷山至凤凰山。坎山和赭山间也叫海门。也就是说，当时赭山以北区域属于江北，现在大江东的不少区域历史上曾归属于海宁，直至清嘉庆十八年（1813）才划归萧山。南大门时期，海宁至杭州江道较直，潮水直冲杭州，当时观潮的最佳位置在秋涛宫至六和塔一带。可以说，南大门时期，现上城沿江区域是观潮胜地，樟亭驿、江楼均为有名的观潮点。这段时期，杭州由于江潮肆虐及历代频繁筑塘抗潮，涌现出无数英勇抗潮的事迹和人物，由此形成了一大批与江潮及抗潮相关的地名。纵观杭州遗留的与江潮相关的地名，大部分形成于南大门时期。

中小门位于南大门之北，在萧山的禅机山和河庄山之间，明末，由于南大门淤沙日积，中小门开始通流，但非主道。直至"庚申（1680）四月望日，海潮自东入小门"（《钱塘县志》）。中小门是一狭长地带，江面较窄，且两山之间似有山脚相连，江流经此，河床难以深切，很容易淤塞，所以，至康熙五十四年（1715），江流直趋北大门，中小门便告淤塞。因江道北趋后，海宁一带堤塘受到严重威胁，康熙至乾隆年间多次重开中小门，直至乾隆四十二年（1777），中小门完全淤塞。

北大门，在萧山岩门山与河庄山以北，至海宁盐官一线，即现钱塘江流道。历史上自宋代至清代，钱塘江曾多次变道北大门，但北大门非主道，直至康熙五十四年（1715），北大门才成为钱塘江主道。其实，钱塘江江道历史上一直处于变化之中，三门的变迁只是阶段性的主要变迁。比如七堡一带，20世纪中期，江道离镇尚有数里之远；又如萧山，目前江南大片土地几十年前还是江道沙滩，再如现在萧山宁围的顺坝村，20世纪六七十年代还是江中一片孤岛，村里不少土地属于当年围垦的彭埠各村。20世纪在钱塘江两岸开展得轰轰烈烈的围垦，直接将钱塘江江道缩窄至近1公里。今上城区包括钱江新城在内的沿江大片土地，几十年前均为沙滩。

　　钱塘江走北大门后，江潮要冲转为海宁，观潮点也移至盐官和老盐仓一带。现上城一带主要观潮点为：七堡、彭埠大桥和三堡船闸。

　　七堡水文站一带有10个丁字坝伸入江中，建成于1951年，潮水冲向丁字坝后潮头迅速抬高，形成回头潮。彭埠二桥（钱江二桥）一带，因为潮水冲过桥墩会撞击产生浪柱，所以也是一个很好的观潮点。另外，三堡船闸与运河连接处有一段几十米的狭窄通道，潮水涌入通道冲击船闸时形成冲天浪柱更成为独特一景。

第一节　与潮直接相关地名

秋涛路、秋涛宫

秋涛路南起复兴路，北至杭海路，接秋涛北路，宋称浙江塘，原为钱氏捍海塘的一段，因所在地建有秋涛宫而得名。

清初之前，钱塘江走南大门，江潮直扑杭城，观潮胜地不在海宁，而是在今上城沿江一带。南宋时期，临安观潮之风大盛。每年从农历八月十一日起，就有人来观潮，到十八日更是倾城而出，车马纷纷，万人空巷。朝廷把农历八月十八日定为检阅水师的日子。元代时，"浙江秋涛"曾为"钱塘十景"之一。清康熙帝曾两次至浙江亭（唐之樟亭驿，故址在今闸口白塔岭前钱塘江边）观潮，乾隆帝也于乾隆四十五年（1780）至秋涛宫观潮，并检阅水师。晚清后，江潮逐渐东移，唐宋以来的观潮胜地浙江亭、秋涛宫一带江岸，已渐淤积成陆，民国时期建为秋涛路。

中华人民共和国成立后，随着城区不断扩建，古海塘成为城区南部之交通干道。秋涛北路，为秋涛路之延伸段，如今广厦连云，车水马龙，再无当年观潮光景。

秋涛宫建于清初，位置在清泰门附近的螺蛳埠，乾隆帝曾于此检阅水师。中华人民共和国成立后，该地多为仓储设施，旧城改造时地名渐次消失。祖籍福建长乐、曾坚决抗英禁烟的梁章钜，写有《秋涛宫》一文，详细记述在杭州秋涛宫观潮的经过。

射潮铁幢

钱镠不仅修筑了钱氏捍海塘，还在民间留下了"钱王射潮"的传说。《吴越备史》记载："（后梁开平四年）八月，始筑捍海塘。王因江涛冲激，命强弩以射涛头，遂定其基。复建候潮、通江等城门。"注云："初定其基，而江涛昼夜冲激沙岸，板筑不能就。王命强弩五百以射涛头。又亲筑胥山祠，仍为题诗一章，亟钥置于海门，其略曰：'为报龙神并水府，钱唐借取筑钱城。'既而潮头遂趋西陵。王乃命运巨石，盛以竹笼，植巨材捍之。城基始定。其重濠累堑、通衢广陌、亦由是而成焉。"

钱王射潮，箭所止处，曾立铁幢。元代杨维祯考证，所立铁幢有3处：一在箭道巷；一在候潮门外利津桥之北；一在旧荐桥门外，今章家桥之地。现在三桥（西兴大桥）和四桥（复兴大桥）之间钱塘江南岸建有射潮广场，并建有钱王射潮雕塑。

樟亭驿、浙江亭

咸淳《临安志》云："樟亭驿，晏元献《舆地志》云：'在钱塘县旧治之南五里。'今为浙江亭。"《西湖游览志》云："浙江驿，在龙山闸。"也就是说，浙江亭就是唐代的樟亭驿，地址在龙山闸，也就是今天的白塔岭一带（有学者精确认定为在安家塘一带）。

樟亭驿在唐代是有名的观潮胜地，孟浩然、李白等名家均有涉及樟亭驿观潮的诗句。李白作《送王屋山人魏万还王屋》诗，记述魏万江南游之旅，其中杭州这一段是："……逸兴满吴云，飘飖浙江汜。挥手杭越间，樟亭望潮还。涛卷海门石，云横天际山。白马走素车，雷奔骇心颜……"

孟浩然《与颜钱塘登障楼（一作樟亭）望潮作》诗写得更详细："百里闻雷震,鸣弦暂辍弹。府中连骑出,江上待潮观。照日秋云迥,浮天渤澥宽。惊涛来似雪,一坐凛生寒。"

樟亭在唐代除了是观潮胜地外还是驿站之所在。驿站是官署,樟亭驿是官员们进杭、离杭的第一站,亦是迎送之地。杭州城南,钱塘江畔,东去渡江有西兴浦,通往浙东浙南;溯江西上,有富阳、桐庐、建德、淳安,还有金华、衢州,所以此地留存一些送行诗,记录着古人的踪迹。

至南宋,樟亭驿改称浙江亭,依然是观潮胜地。因朝廷把农历八月十八日定为检阅水师的日子,所以,浙江亭成了检阅水师的地方。《武林旧事》记载,赵构、赵昚等不少南宋皇帝均在浙江亭检阅过水师。

清代康熙帝也曾两次至浙江亭观潮,曾作钱塘江观潮诗,并御题有"恬波利济"四字匾额。

候潮门

候潮门是杭州十大城门之一,吴越国时期叫竹车门,南宋定都杭州后,对竹车门进行了重新修筑,城门更加坚固,因城门濒临钱塘江，每日可以两次候潮，因此改名候潮门。

候潮门附近有浙江亭、映江楼、观潮楼等众多观潮楼阁。明代文人孙一元曾写有观潮诗《候潮门眺望》：海门东倚浙江开，千古寒潮天上来。春树遥连严子濑，白云长在越王台。仙旐隐驻扶桑远，羌笛横吹折柳哀。何处青山堪托迹？欲随徐市入蓬莱。

明嘉靖年间，城楼曾储藏军火器械，以防御倭寇窜犯。昔时萧绍一带的酒大部分由候潮门入城，故有"候潮门外酒坛儿"的民谣。候潮门城门在民国时期被拆除。

候潮门还衍生出一条候潮路，位于今江城路与九米路之间。

江楼（望潮楼）、映江楼

江楼又叫"望潮楼"或"望海楼"，也叫"东楼"，是唐代杭州著名的观潮胜地，根据《杭州四季青志》，江楼约位于原四季青望江村，今海潮寺西侧。楼毁圮年月不详。

白居易曾作《江楼夕望招客》："海天东望夕茫茫，山势川形阔复长。灯火万家城四畔，星河一道水中央。风吹古木晴天雨，月照平沙夏夜霜。能就江楼消暑否，比君茅舍较清凉。"另有《江楼晚眺，景物鲜奇，吟玩成篇，寄水部张员外》一诗。唐末五代诗人罗隐、明代文学家徐渭均有咏江楼的诗篇。

映江楼为宋明时期著名观潮胜地，明人记载，楼在永昌门外的江边，由宋时的"烟云鱼鸟亭"、元代重建的"瞰江亭"演化改建而成。由于层楼高耸，俯临江岸，更增气势，在当时就有"形胜东南属此楼"的美誉。

明田汝成《西湖游览志》卷十九有该楼记载："映江楼，宋时有亭，匾曰'烟云鱼鸟'。"烟云鱼鸟亭在元至元三年（1337）被毁。至元十年重建，匾曰"瞰江"。明正德元年（1506），御史车梁、布政使林符等改建其楼，匾曰"映江"。楼毁圮年月不详。

水湘

四季青街道的水湘社区，原为水湘村，根据《杭州市地名志》，水湘村"原有通江小河，来潮时有声响，故名水响河；民国时谐称水湘浮；后河道淤塞成一池塘，称水湘湖。村以湖名"。

水湘地名起源与钱塘江潮直接相关，其地在清代之前时有潮患。至范公塘改筑石塘后，潮患渐除，"水响"奇观也不再有。

潮冲潭

潮冲潭位于彭埠原普福村朝北五圣堂对面，水面有7—8亩，乾隆《杭州府志·海塘图》标注有潮冲潭地名。在民国二十一年（1932）的地图上，潮冲潭为杭州市第十区第六坊村寨地名。顾名思义，潮冲潭为当时潮水冲刷形成的水潭，后随着该地远离钱塘江，成为内陆水潭。钱塘江边类似水潭很多，严格地说，钱塘江两岸的水潭池塘，均经江潮冲刷遗留形成。

第二节　与潮相关宗教地名

善顺庙

《海塘录》载："善顺庙，宋在白塔岭。咸淳《临安志》：旧传水间建小祠，保舟楫往来，号平波神祠。嘉定十七年，易祠为庙。咸淳元年，诏赐善顺为额。"根据记载，善顺庙应为临江水中小庙，意在保佑来往船只免受江潮凶险。关于善顺庙的资料很少，其后续变迁也无法考证。

静安公庙、昭贶庙

《海塘录》记载："敕封静安公庙，旧名昭贶庙，在候潮门外浑水闸东江塘上。咸淳《临安志》：故司封郎官张夏祠也。"

张夏去世后，朝廷为嘉奖其治水功绩，追封其为宁江侯；北宋嘉祐八年（1063）赠太常少卿；淳祐十一年

（1251）封显公侯；咸淳四年（1268）敕封护塘堤侯；清雍正三年（1725）敕封静安公；同治十一年（1872）加封绥佑静安公，命庙享春秋两祭。百姓为纪念他的治水功绩，在堤上立祠，尊称其为张老相公。张夏在民间也被敬为潮神，杭州祀祭张夏的寺庙很多，大多在萧山。杭州候潮门外的静安公庙，同样寄托着杭州人民对这位筑塘抗潮英雄的追思。

海潮寺（海潮路、海潮寺巷）、顺济庙

海潮寺旧址约位于今海潮路1号。海潮寺为杭城名刹，咸淳《临安志》记载，南宋绍兴三十年（1160），在望江门外观潮楼东建顺济庙，祭祀海神宋善利龙王。民国《杭州府志》等记载，明万历年间，杭州高僧莲池大师对寺庙进行了改建，因其濒临钱塘江口，朝听潮、夜闻汐而起名为海潮寺。寺内有天王殿、钟鼓楼、大雄宝殿、经房及众多香客房舍，铸有大钟。

清嘉庆年间，海潮寺又进行了大规模扩建，拥有殿宇僧房客舍300余间，与灵隐寺、净慈寺、昭庆寺并称为

"杭州四大丛林"。扬眉有《海潮寺》诗："海潮澎湃钱水凉，烟雨江峦幽韵长。莲池悬铁说佛法，禅净双修持戒强。古寺连天香火旺，弟子显赫华严彰。历尽劫难逢盛世，佛光再现耀余杭。"

1944 年秋季，海潮寺遭雷击失火，大雄宝殿和藏经楼等诸多建筑被焚毁，仅存天王殿及部分经堂僧舍。1960 年左右，这里建起了杭州橡胶厂，并发展为今日的杭州中策橡胶有限公司。为恢复这一重要的历史遗存，2012 年初，杭州市在钱塘江的南北两岸复建海潮寺，分为海潮寺南院和北院，与将台山摩崖石刻形成"三点一线"带状景观格局。2019 年 12 月，海潮寺复建工程正式开工。

海潮寺旧址西有一条约 550 米的道路，因寺定名为海潮路。望江门外直街旁另有海潮寺巷。

观音堂（观音塘）

观音堂又名观音塘、观音庙，始建年月不详。根据雍正《浙江通志》卷一图说，观音堂位于清泰门外，靠近钱塘江。根据《杭州四季青志》，其约位于原四季青常青村（今秋涛路与清江路交叉口旁），清乾隆年间曾重建，面积约667平方米，建有大殿及厢房，庙内正中塑观音神像、三官菩萨像。每逢观音菩萨生日，庙内香火极盛。

观音堂门前海塘建有30余米木结构长廊，旧时为观潮胜地。观音堂位置特殊，为钱塘江海塘险要之地，清代主要海塘地图均标有该地名。

观音堂还有不少传说，其中人们最熟悉的就是梁山伯与祝英台在此拜观音的故事。梁山伯和祝英台从万松书院出发，梁山伯送祝英台回老家祝家庄，经过凤凰山等地，来到钱塘江渡口附近。这里有一个观音堂，于是《十八相送》唱词里有这样一段：离了井又一堂，前面到了观音堂……观音堂，观音堂，送子观音坐上方，观音大士媒来做，我与你梁兄来拜堂。

不过，观音堂附近的钱塘江边的确有一处七甲渡，曾有渡船为人们提供过江服务。这些年，钱塘江上修建了许多桥梁，水下也通有隧道，渡船早已退出历史舞台。

而《杭州市地名志》记载，观音堂为古海塘西侧的一处遗址，原为江岸一大船埠。乾隆《杭州府志》载："仁和县治观音堂，在清泰门外，为沿江急溜顶冲之所……自观音堂迤北至乌龙庙起，巨字至淡字计石塘一十八号，乃宋工部郎中张夏所筑之旧址。"因塘上建有观音庙和亭子，故有观音堂之名。

定海殿（定海村）

根据《杭州市地名志》和《杭州四季青志》，定海殿位于原四季青定海村，广福庙西南约0.6公里处，乾隆年间，乡民为祈神镇海定潮而建，定海村以此得名。

总管堂（总管塘）

根据《杭州四季青志》，总管堂又名总管塘、总管庙，位于原四季青常青村，为供奉江湖海神总管老爷之庙，占地面积约667平方米，有正大殿，后有竹园。20世纪80年代被拆除。

潮音庵

历史上，清泰门至六和塔一带为观潮胜地，沿江一带不仅有许多观潮楼台，也有不少寺庙，意在镇潮，造福一方，潮音庵就是其中之一。嘉靖《仁和县志》记载："潮音庵，在候潮门外。宋元贞年间，僧永遇建。洪武二十四年，归并福田寺。"元贞为元代年号，此处疑县志误记。而《武林梵志》记载："潮音庵，在候潮门外大郎巷。元延祐间僧永暹建。"《西湖游览志》也认为庵建于元延祐年间。庵毁圮年月不详。根据庙名，所在位置应为江潮迅猛之地。另彭埠章家坝村也有潮音庵，但规模不大。

黄童庙

马时雍《杭州的街巷里弄》记载，清江路旁原有一座黄童庙，因为建在田间地头，又称"地母庵"，人们在此焚香燃烛，祈求"地母娘娘"保护钱塘江江堤安全，让百姓有个好收成。清末有一年，钱塘江潮水大涨，许多良田房屋被毁。据说这时江里漂来一尊黄色木雕菩萨，村民捞起后将其供在庙内，祈求神灵保住门前江堤，不被潮水冲毁，并将庙名改为"黄童庙"。中华人民共和国成立后，庙改为校舍，后设立近江初级小学校，1991年学校并入始版桥小学后，校舍改作他用。

甘王庙（甘王路）

马时雍《杭州的街巷里弄》记载，清江路南侧原有一座甘王庙，为纪念孙权部将甘宁而建。甘宁曾在攻合肥时大破曹军，被列为"江表之虎臣"。南宋建都杭州时，民间奉甘宁为海潮王，并在此建甘王庙以祭之。中华人民共和国成立前后，此处改作校舍和厂房，后成了甘王新村、莫邪塘小区等住宅区，附近现有甘王路。

乌龙庙

《杭州市地名志》记载：乌龙庙"位于广福庙西南0.6公里。村旁有乌龙庙，相传为纪念赫蛮龙而建。相传岳飞被害后，赫蛮龙自云南起兵东讨；事败，自尽于钱塘江。

后人建庙祀之，庙名'乌龙'。村以庙名"。根据《杭州四季青志》，20世纪50年代初，乌龙乡人民政府设在此处。庙址现为杭州孔雀大厦。

乌龙庙一带是钱塘江潮水要冲，潮灾频繁，清代主要海塘地图均标有该地名。清代在沿江设堡房后，乌龙庙是头堡所在地。历史上，虽然乌龙庙传说与赫蛮龙相关，但百姓更多是祈求江潮不再肆虐，地方一片平安。

另网上有人借陆游曾作《乌龙庙》一诗，将陆游与杭州钱塘江边乌龙庙扯上关系，当为误会。陆游所作《乌龙庙》一诗，指的是淳安县安阳乡乌龙村的乌龙庙。

伍公庙

伍公庙在吴山东南角，春秋时，吴国大夫伍子胥因忠谏被谗而死，百姓立祠祭祀，至今已2000余年。《太平广记》引《钱塘志》：子胥"临终戒其子曰：悬吾首于南门，以观越兵来。以鲛鱼皮裹吾尸，投于江中，吾当朝暮乘潮，以观吴之败。自是自海门山潮头汹高数百尺，越钱塘渔浦，方渐低小。朝暮再来，其声震怒，雷奔电走百余里。时有见子胥乘素车白马在潮头之中"。伍子胥在民间被视为潮神，因为钱塘江经常涨潮，人们就将其和伍子胥的不平与愤怒联系起来，认为钱塘江涨潮是伍子胥发怒所致。所以伍公庙也被视为潮神庙。历史上伍公山濒临钱塘江，山上修伍公庙祭潮神当在情理之中。

伍公庙旧称忠清庙、英卫公庙（清雍正皇帝曾加封伍子胥"英卫公"号），雍正《浙江通志》称"英卫公庙，咸淳《临安志》:'忠清庙，在吴山。'神伍氏，名员，字子胥"。

历史上伍公庙屡毁屡建，目前所存伍公庙为清代遗存，是杭州市文物保护点。整修后的伍公庙为传统祠庙式建筑，面积约 844 平方米，形成神马门、御香殿、寝殿三进完整的建筑格局。神马门两侧立伍公庙重修碑记碑和伍公庙前言碑，御香殿两侧布置了 4 幅线刻古图。两侧厢房分别陈列讲述伍子胥生平故事的 12 幅连环壁画。正殿正中央设神龛，上置伍子胥士大夫像，为香樟木圆雕彩绘，神龛前为樟木雕元宝座，两侧分立历代对伍子胥的封祀祭文。潮神殿中间立伍子胥潮神青铜像于石雕水浪基座上，背景为"素车白马"深浮雕石刻，两侧为诸路潮神仿古壁画。清金志章撰有《吴山伍公庙志》。

三茅观

三茅观原名三茅堂，位于杭州吴山风景区南面，是符箓派道教的著名圣地，祀三茅真君。三茅观为古代杭州观潮胜地之一，为清代"吴山十景"之一。明代文学家徐渭有《三茅观观潮》诗："黄幡绣字金铃重，仙人夜语骑青凤。宝树攒攒摇绿波，海门数点潮头动。海神罢舞回腰窄，天地有身存不得。谁将练带括秋空？谁将古概量春雪？黑鳌戴地几万年，昼夜一身神血干。升沉不守瞬息事，人间白浪今如此。白日高高惨不光，冷虹随身萦城隍。城中那得知城外，却疑寒色来何方。鹿苑草长文殊死，狮子随人吼祇树。吴山石头坐秋风，带着高冠拂云雾。"

海神坛

康熙《浙江通志》载："海神坛：理宗以南渡后依海建都，宜以海神为大祀，乃立海神坛于东青门外太平桥之东。"《海塘录》记载："海神坛，咸淳《临安志》：在东青门外太平桥之东。淳祐十二年有旨：中兴以来，依海建都，宜以海神为大祀。下太常议礼，诏守臣马光祖建祭殿望祭。自宝祐之元，岁以春秋二仲，遣官行事。"东青门外，即现在的庆春门外，海神坛为祭潮之处。太平桥位于东河，有专家认为海神坛属于拱墅区。但宋时东青门外因地近城曲，平远虚旷，一览无余，历来是各种祭祀仪式的主要场地，除海神坛外，清代还在此设祭先农炎帝神农氏的先农坛。海神坛位于东青门外太平桥之东，其具体位置虽无法明确考证，但属上城境域的可能性更大。

茶槽庙、上新庙、中新庙、下新庙

《海塘录》记载，茶槽庙"在庆春门外。《仁和县志》：在会城东，当钱塘尽界，沿江七十里，北至皋亭山，屡受潮患。永乐间，新城茶商陈旭出橐中金，筑新塘。后乙未，皋亭山洪水与江潮相接，沿江俱没，塘坏。思资蓄已尽，功不成，遂跃身入潮，尸随潮浮。至皋亭山，沙随尸涨，塘乃成，尸随葬焉。巡抚入告，敕封茶槽土地兴福明王。迄今二百余年无潮患。士民戴德，奉其神，各方建祀，有上新、中新、下新等祠"。

明代前期，彭埠严家弄一带为钱塘江大潮要冲，潮灾记载频繁，海塘曾多次修筑。陈旭是新城（今富阳新登）茶商，来彭埠严家弄一带经商，见附近居民常年遭受潮灾，辛苦一年往往因一场大潮颗粒无收、血本无归，心慈好善的他萌生了修筑海塘、造福百姓的念头。但海塘修好后，又被大潮和山洪冲毁，陈旭因无钱再筑，悲愤跳江，沙随尸涨，塘乃成。茶槽是南宋时的地名，指彭埠新塘一带，从史料记载来看，茶槽庙实际是指上新庙、中新庙、下新庙，主要是指下新庙。下新庙直到 20 世纪被拆毁前，仍供奉"明大王"。

下新庙是 3 座庙中规模最大的一座，位于原新塘老街东，原址一部分已没入新开挖的运河中。下新庙始建于明洪武年间，是一座规模宏大的土地庙，建有 3 座大殿和 2 个大天井，东边、西边都有厢房，中间院子纵深约 130 米，占地面积约 15 亩，正大门前建有一个戏台，形似西湖钱王祠内的戏台，气势宏伟。民间传说庙内建有房舍 99 间半。庙下设有"三十六社"，覆盖新塘、皋塘、章家坝、云峰、御道、水湘、五福、三堡、三叉等，清嘉庆、光绪年间曾两度重修。

上新庙，位于原景芳村，约现凯旋街道金兰池小区位置；中新庙，位于彭埠新塘月塘寺附近，约原新塘小学的位置，始建于清嘉庆二十三年（1818）。据说，中新庙祈雨特别灵，所以在过去，方圆数十里的人一遇干旱便来中新庙祈雨。

石公庙

《杭州市地名志》载：石公庙"位于彭埠东 1.5 公里。相传唐代石瑰筑堤捍塘，死于潮水，后人在此立庙祀之，称石公庙。村以此得名"。

石公庙位于原彭埠五堡境内，约在五堡拆迁前五堡新区 29、30 号（"佳都老年公寓"处），建造年代不详。1949 年后，石公庙曾为石公村的村公所，1958 年改为村办食堂。1965 年在技术革新运动中，因需搜集木材制作播种机、木滚筒等农业革新用具，石公庙被拆除。

石公庙主要祭祀的是唐代抗潮英雄石瑰。石瑰事迹记载较多，《海塘录》记载："瑰生而灵异，尝筑堤以捍海潮，功未就，竟死于海。"又"按晏殊《舆地志》：古有石姥祠，旧碣载石姓瑰名，生于唐长庆三年。钱塘古称涛江，民苦潮害。王奋力筑堤，以捍水势，祁寒剧暑不辍。功未就，竟死于潮，后为神。"《浙江通志》也有记载："潮王庙，在芳林乡。唐石瑰筑堤捍潮，死于海。"

自古钱塘江筑堤修堰或西湖疏浚都是杭州地方官的政事。史载石瑰未及官名，想必其是乡贤一族，属平头百姓。杭州筑堤捍潮要数吴越王钱镠为最。而石瑰捍潮筑堤要早于钱镠，且"竭家资"而"死于事"，当地百姓自发建庙祭祀，唐懿宗李漼封其为潮王，潮王庙香火一直旺盛，每年农历八月二十八日潮王生日均有庙会。

潮王庙旧址位于现潮王路与河东路相交处的东北侧，至于为何建在此，有学者认为该地或许为石瑰出生地。至于彭埠的石公庙，不少学者认为应为石瑰筑堤抗潮殉难之地。

五堰庙

除吴山伍公庙外，在城东也有一座祭祀潮神伍子胥的庙宇——五堰庙。

五堰庙始建年代不详，坐落在原彭埠六堡村境内，约在现艮山东路北侧与原建华社区交界处。

五堰庙规模不大，主要供奉红、白两尊菩萨——红脸的伍子胥（民间传说中的武潮神）和白脸的文种（民间传说中的文潮神），香火旺盛。后大殿及侧殿供奉着如来、文殊、普贤、观音等，罗汉堂在西偏殿。依此可见当地百姓对潮神的敬仰程度，充分体现出潮神在民间的地位。

根据民间传说，钱塘江的潮神并不只有伍子胥一个，还有一位后潮神——文种。原来，在伍子胥死后10余年，越王勾践凭借范蠡和文种的谋略，最终灭掉了吴国。后来，文种不听范蠡的劝告，不愿归隐，又被越王勾践逼死。文种死后，传言潮神伍子胥怜他同命之苦，就驾潮冲开了他的坟墓，携他共游钱塘江。所以，民间传说潮水来时前面怒涛滚滚的便是前潮神伍子胥，后面推波助澜的就是后潮神文种。

五堰庙是潮文化的一个重要载体，不仅同时供奉文、武潮神，庙里还曾上演"潮神戏"。当年五堰庙对面建有戏台，每年农历八月十八日潮神菩萨生日，戏台必演潮神戏，表演者大都是绍兴大班或水路班子。

五堰庙在清宣统三年（1911）改建为五堰庙初级小学

（后六堡小学前身）。

大王庙、大王庙碑、大王庙路

大王庙位于原七堡直街，约大王庙路 50—52 号位置，始建于清道光二十八年（1848）岁次戊申三月上旬。

《彭埠街道志》记载，大王庙在中华人民共和国成立初尚存，有数间房屋，门口挂有黑底金字"大王庙"。殿中央坐一泥塑青龙菩萨，手里捧蓝底金字牌位，幕幛两边的柱子上挂着黑底金字牌子，上刻修筑海塘时以身殉职的清朝官员名字、职务。庙东北角有一荒废水井，半填之，六角形，井口尚存。大王庙里有一高约 2 米、顶刻有"二龙戏珠"、上刻"海塘七堡大王庙"字样的碑，碑文已模糊，大致记载了七堡一带海塘的修筑历史。大王庙碑是珍贵的钱塘江历史文化遗存。

民间传说大王庙与钱大王（钱镠）相关。据说有一次，钱大王挑着一担私盐准备渡江，休息的时候，白花花的盐被潮水冲了个精光。他气得抡起扁担朝水里打去，这一扁担正好打在潮神的背上，痛得潮神哇哇直叫。从此，每当涨潮的时候，人们总会听到一阵阵撕心裂肺的喊声。钱大王打了一扁担仍不解恨，又到山里挑了两块大石头，想镇住潮神。在挑石路上，他遇上扮成背笠帽老太婆的观音菩萨，要他将笠帽背到钱塘江边，钱大王背上笠帽，结果笠帽越来越大，越来越重，钱大王背不动，只得把担子卸下来。最后，笠帽变成了一座足有一里见方的大土台，任凭潮水冲刷，始终稳固，大家称它为"凤山盘头"。后来，这个地方成了七堡一带主要的观潮点。

附近老人回忆，大王庙里曾供奉大王菩萨（钱大王钱镠），每逢农历八月十八日，老百姓都要杀猪宰羊来大王庙办庙会。大王庙前那段杭海路后来被改名为大王庙路。

海神庙

《彭埠街道志》记载，海神庙位于七堡中心路，七堡公交总站位置，始建年月不详。海神庙供奉海神菩萨。周边打鱼撑木排者为求平安、避免潮害，常来庙内祈求保佑。海神庙在抗日战争时被日军烧毁，1945 年、1956 年两次重建，面积200 余平方米。1969 年被拆除。

杨公庙、杨公村

根据《九堡镇志》，杨公村位于九堡街道，与彭埠七堡相邻。杨公村地名源于境内的杨公庙。辖区内老人回忆，杨公庙是一个极其简陋的小庙，没有围墙、木屋、大殿，只有一个破烂的草屋，里面供奉着几尊菩萨像。过去杨公村一带村民大都在钱塘江上打鱼，有些身手好的渔民，还常常去抢潮头鱼（钱塘江一带居民的传统习俗，指江潮卷来时追赶潮水，捞取被潮水击昏之鱼，风险很大），杨公庙是村民祈求平安的精神寄托。

三村庙、三卫村

根据《九堡镇志》，三村庙位于九堡三卫村三区（今属三卫社区）。清雍正二年（1724）《钦定重修两浙盐务志·仁和场图》有三村庙记载。相传清康熙年间，为抵御钱塘江潮灾和防止江堤坍塌，有唐姓二人参与筑塘，后由于种种因素无法继续修筑，唐姓二人遂纵身跳入江中，以身镇住潮水，护住石塘。当地3个村的百姓为纪念这二位英雄，筹资在此建造庙宇，故名三村庙。中华人民共和国成立后，此处曾改作学校。1990年后，村民筹资重建，并改名三村禅寺。2011年9月6日，再次重建的三村禅寺举行了开光仪式。

牛头庙、牛头村、听潮庙

根据《九堡镇志》，牛头庙位于九堡牛头村（今属牛田社区）。清雍正二年（1724）《钦定重修两浙盐务志·仁和场图》有牛头庙记载。据传，当时佛教信徒在江北筹资兴建了一座庙宇，有一个老汉在庙前江堤上看到江边有一个潮冲潭，潭中有一个泥汀，形如牛在水中洗澡，牛头浮于水面，老汉灵机一动，提议将庙取名为牛头庙。后牛头庙被潮水冲毁，人们将庙内佛像、神像迁往附近的听潮庙，二庙合一。后村以庙得名，称牛头村。听潮庙位于原牛头村，顾名思义，因离钱塘江不远，能听到潮声（尤其是夜潮），故名。

关帝庙

　　根据《九堡镇志》，关帝庙位于九堡境域塘外片。该庙由十堡塘埠善心老板王阿昌发起建造，香火甚旺。传说关帝庙建成后，钱塘江沿岸3次塌江，此地均平安无恙，附近百姓认为这与关帝庙有关。每逢农历初一、十五，此庙烧香拜佛者甚众。

　　钱塘江对杭州城市的发展有着重要影响，杭州从秦代灵隐一带小县城到凤凰山山脚皇城，再到今天的拥江发展，可以说，2000多年来的发展史，本质上是与钱塘江抗争、拓展城市发展空间的历史。钱塘江对杭州的影响是注入灵魂的，不少地名都与钱塘江有着千丝万缕的关系，除上述两章所介绍的与海塘和江潮相关的地名外，还有大量与钱塘江相关的地名，涉及沿江渡口码头、埠、闸、山川河流湖泊及桥梁道路等，限于篇幅，笔者下面就主要的一些地名加以重点论述介绍。

第一节　渡口码头、埠、闸

> 浙江渡、钱塘江义渡、浙江第一码头、
> 南星桥轮渡码头、钱塘江客运码头

杭州很早就有津渡，春秋战国时，越国即在今钱塘江南岸西兴设置"固陵渡"。地处钱塘江咽喉的杭州历来为交通要冲，而浙江渡正是钱塘江两岸最重要的渡口。

浙江渡的位置，根据咸淳《临安志》，"在候潮门外，对西兴"。而西兴渡历史悠久，《水经注》载春秋时期已有古"固陵渡"，据此推测，其对岸的浙江渡应该是钱塘江北岸最古老的渡口之一。

到北宋时，浙江渡附近已经形成了工商业繁荣的市镇，浑水闸一带为鱼鲞集市，候潮门外的南猪行亦在渡口附近。朝廷在码头设有浙江场税务机关，向出入船只收取税费。《宋会要辑稿·食货》记载，熙宁十年（1077）浙江场共收商税额 26000 余贯，与外地普通州郡所收税额差不多，可见其繁华程度。

南宋时，"官舟、估客，自闽、粤、江右来者道衢州，自新安来者道严州，江干上下帆樯蚁附，廛肆栉比"。《浙江晚渡》诗道："绣毂香车入凤城，春风犹放半江晴。潮声归海鸟初下，一片伤心画不成。"元代以后，浙江渡虽不再现宋时繁华，但依然是杭州最重要的渡口。

至清末，由于国力衰弱、民不聊生，红顶商人胡雪岩见钱塘江两岸民众渡江十分艰险且渡费昂贵，下决心创办义渡。他在得到士绅丁丙等人的赞同后，独立捐资，购置方头大船以降低渡江风险，对往来过客，不论贫富均不收分文。

根据张学勤《〈申报〉笔下的晚清杭州》一书的研究，钱塘江义渡除胡雪岩慷慨出资外，官员和衙门也均有捐款。光绪九年（1883）胡雪岩破产后，爱国绅士俞襄周接办义渡，各项制度逐步完善。

1929年，码头经历新一轮改建，在北岸建造了钢筋混凝土结构的栈桥，又在两岸矗立起土牌楼，这里曾是浙江省最大的内河航运码头，高峰时期，每天有两万人从这里过江。时任浙江省政府主席张静江题写了"浙江第一码头"

横额。在钱塘江大桥建成通车前，这里还曾开通车辆渡运。

浙江第一码头又名南星桥轮渡码头、钱塘江客运码头。后随着二桥（彭埠大桥）、三桥（西兴大桥）的相继通车，码头失去了原有的运输功能。1998 年 1 月 8 日，浙江第一码头退出了历史舞台，但其蕴含的历史价值和文化记忆被永久铭记。

龙山渡、闸口码头

咸淳《临安志》载："龙山渡，在六和塔下，对渔浦。"民国《杭州府志》也载：龙山渡，在六和塔下，对萧山渔浦。而根据《杭州市交通志》，龙山渡具体位置在龙山之麓，即六和塔开化寺山下，与对岸渔浦渡遥遥相望。山麓有龙山河和龙山闸。

《北行日录》记载，乾道五年（1169），南宋朝臣楼钥出使金国，就是从龙山渡起航的。杨万里《甲午出知漳州，晚发船龙山，暮宿桐庐》（二首）描写的也是从龙山渡出发去漳州，晚宿桐庐的情景。

龙山渡是钱塘江上古老且在两宋时期最主要的渡口

之一。

龙山渡既是船客登舟的渡口，也是货物装卸的码头，周边由此形成了龙山市镇（闸口附近），繁华程度不亚于外地普通州城。

龙山渡的装卸码头也叫闸口码头，根据《江干区志》，码头在民国时期为外商亚细亚石油公司和美孚石油公司卸载煤油专用。中华人民共和国成立后，此处改为钱江港区卸载石料等建材的专用码头，并有通向南星桥火车站的铁路支线。1992年复兴路改造，码头被拆除。

海月桥码头

海月桥码头是货物码头，原为简陋的人工"挑码头"。根据《杭州市交通志》，1959年11月起，由钱江航管所、钱江航运局、市码头装卸公司江干业务站分工负责正式修建码头。后杭州港务管理处又对其进行了翻修。经过30多年的建设，海月桥码头从人工肩挑的埠头发展为机械化的河口码头，并成为杭州钱塘江边一个重要的货物运转中心。

七甲渡、海潮寺码头

七甲渡位于观音堂，约在望江门外原中策橡胶厂南大门位置。南岸在萧山西兴七甲闸，这里原为私渡。民间传说梁山伯与祝英台在观音堂拜天地后，一直走到七甲渡，梁山伯在这里与祝英台告别，之后渡过钱塘江。

七甲渡旁有海潮寺，所以七甲渡也叫海潮寺码头。海潮寺香火甚旺，根据《武林梵志》，当时"凡进香普陀者，必聚足于此，犹径山之有接待院也"。也就是说，到普陀烧香的信众，都要到钱塘江边的海潮寺敬香借宿，并在这里的"七甲渡"码头登船入海。

根据《萧山县志》，渡口在中华人民共和国成立前尚有从萧山八甲、九甲通向杭州观音堂的渡船，中华人民共和国成立后，两甲合并为一渡，由萧山盈丰乡航运队经营。1984年时年客运量尚有130万人次。

20世纪90年代，杭州设立滨江区后，萧山的渡口在滨江大道的建设中消失了，七甲渡也随之彻底退出历史舞台。现只在原址附近留下了一个"七甲路"的路名。

五堡渡口

五堡渡口北岸位于原杭海路五堡，南岸位于原萧山盈丰乡红卫闸北塘后。根据五堡社区老人回忆，五堡渡口原为贩卖私盐的野渡，后来政府禁卖私盐，船老大便改行做起了摆渡生意，渡口也由此逐渐形成。

中华人民共和国成立后，政府对辖区内钱塘江上的私渡船只进行有序管理，取缔了零散的渡船，并在五堡组建了渡船渡口。20 世纪 60 年代初，五堡渡口归杭州钱塘江航运公司管理。

在 20 世纪 70 年代前，五堡渡口的渡船均为木制手摇船，由于速度慢，安全性能差，遇到风大、涨潮就停航，事故发生频繁。1985 年，柴油机帆船取代了木制手摇船，当时船票价格为 1 角（单趟）。

1996 年引进"浙杭州客 303"轮船后，五堡渡口改称五堡轮渡。"浙杭州客 303"轮船动力大、速度快、安全性高，往返一次只需 20 多分钟，一天能往返 30 趟左右。轮渡运营时间全年固定，清晨 6 点起航，傍晚 5 点半停航。

1997 年，五堡轮渡在最繁忙时期单日载客量达 2000

人次左右，三轮车、钢丝车、残疾车都可上船，船票 1.5—8 元不等。

2000 年，五堡轮渡由杭州钱塘江客运旅游有限公司进行管理，"浙杭州客 303"轮船一直服役至渡口停用。

2007 年 6 月 25 日，因钱塘江三堡至八堡段沿江公路建设需要，五堡轮渡停用。

六堡海运码头、六堡黄沙码头

六堡海运码头位于原彭埠六堡村，1993 年 12 月动工兴建，1994 年 10 月竣工。码头占地 52 亩，平台长 88 米，伸出江堤 74 米，通过两座宽 7.5 米的栈桥与岸相连，为高桩承台结构，堆场面积 1 万平方米。

码头西侧还有一座始建于 20 世纪 60 年代的黄沙码头，主要转运黄沙、石料等建材。后随着钱塘江标准海塘建设的开展，黄沙码头停用。

七堡渡口

七堡渡口位于原七堡自然镇东南、七堡盘头附近。南岸位于赭山美女山山脚，全程约15公里。20世纪50年代前，七堡至钱塘江边有数公里的沙滩，七堡渡口离七堡老街较远。《杭州都图地图集》中的相关地图上，老街与钱塘江之间标有"牛车路""牛车渡"。后随着江道北移，渡口逐渐向老街靠拢。

根据《萧山县志》，渡口始于民国初年，最初以木帆船为渡船；抗日战争胜利后，改用两艘小汽轮驶渡，每日对开一个班次。此渡为杭州主城区、临平与萧山间往来的便道，货、客流量较大。

1982年起，每日往返2个班次。1984年，年客运量约20万人次。后随着二桥（彭埠大桥）通车，客流渐稀，1996年，渡口停用。

钱塘江边还有不少大小码头，如三堡码头、近江汽渡码头等，限于篇幅，此处不再详述。

船埠，又称河埠、埠头，指船只停靠的地方，一般从岸上至水面有石板砌成的台阶。古代钱塘江沿岸的埠有很多，有些是附属于码头的挑埠，如海月桥埠、统一码头埠；有些是具有渡口性质或者方便船只停靠的场所，如南萧埠、彭埠等。

1932年，据杭州市经济调查资料，江干闸口一带有挑埠30家，至1949年初剩15家（其中在杭州市政府注册登记的挑埠有4家）。

上城辖区内沿江的埠，粗略统计有以下21个。

大郎埠（银杏埠附近）、银杏埠（望江门附近）、观音埠（观音堂附近）、统一码头埠（南星桥附近）、三联埠（统一码头附近）、诸桥埠（统一码头附近）、螺蛳埠（清泰门附近）、美政桥埠（美政桥附近）、海月桥埠（海月桥附近）、化仙埠（化仙桥附近）、闸口埠（闸口附近）、南萧埠（现南肖埠社区附近）、跳门埠（原四季青近江村西）、徐家埠（原四季青近江附近）、元宝塘埠（原四季青水湘大刀湖附近）、牛车塘埠（原四季青水湘大刀湖附近）、彭埠（原彭埠老街附近）、骊子埠（原彭埠兴隆附近）、金家埠（原彭埠建华附近）、李家埠（原彭埠普福附近）、宣家埠（现九堡宣家埠附近）。

另徐村埠（九溪附近）、六和塔埠（六和塔附近），《杭州市交通志》将其列为原江干区管辖范围，但根据现行政区划，应为西湖区。

限于篇幅，现选择跳门埠、南萧埠、彭埠、宣家埠展开详细介绍。

跳门埠、下车路

《杭州市地名志》载：跳门埠"位于近江村西 0.25 公里。此地原为沿海塘一船埠，称跳门埠，亦称上车路。村以埠名"。

民国时期此地为盐场，为运输盐而筑 3 条简易车道：上为跳门埠，亦称上车路；中为黄洞庙，也叫中车路；下为下车道，也叫下车路。现该地属望江街道，附近还留有下车路地名。

南萧埠

南萧埠，民间也叫南肖埠，位于现凯旋街道太平门直街附近，《杭州市地名志》载：南萧埠"位于景芳村东北0.8公里。昔时有一古海塘大船埠，名南肖埠，埠上有一亭名放怀亭。现均圮。村以埠名"。有学者认为，埠应始建于五代后晋开运三年（946），但无直接史料佐证。南萧埠古名"难消埠"，如清朱文藻《崇福寺志》载："崇福院与崇福寺本是二名，惟《咸淳志》谓之崇福院。元系宝寿院，祥符元年改额，在艮山门外。则非庆春门外难消埠之崇福院明矣。"根据史料，地名源于明代，是太平门外商埠文化的代表性历史遗存。

南萧埠一带，自元末形成新的城门经济后，依托南萧埠及周边便利的水陆交通，逐渐形成太平门直街前店后坊的街巷集市商业格局。至明代，这里发展成为城东一带最大的集贸市场，是城门外经济发展最繁华的区域。

彭埠

彭埠，原为彭埠老街东一小船埠头，位于原彭埠老街冲板场后面，也叫杜家洋。古时有彭姓人氏在此建埠，故名彭埠，也叫彭家埠。彭埠历史可追溯至唐代，作为钱塘江边的千年古镇，该地宋代名白石。《艮山杂志》转引《杭州府志》载："仁和有枸橘（桔）弄市、白石庙市、沙河沿市、新塘市、彭家埠市，俱在艮山门外。所聚食货，亦不亚于沙田夹城。"

彭埠一带因古时濒临钱塘江，故镇内留存纵横交错、星罗棋布的水塘河道，水路交通发达。古时彭埠的船埠是连接临平、海宁及半山等地的重要交通节点。彭埠是艮山门外"丝篮儿"的主要区域，也是"笕十八"药材的主要种植地，同时还盛产蔬菜，水产品也很丰富。历史上彭埠一带的蚕茧、丝织、药材、蔬菜等大都通过水路运往各地，彭埠附近还有骡子埠、金家埠、李家埠等。

宣家埠

宣家埠本为钱塘江边的一个埠头，地名始见于清代史料。雍正年间，钱塘江北岸开始建立营汛组织，从乌龙庙到乍浦分为 12 个营汛，其中包括宣家埠。根据《九堡镇志》，当时的宣家埠汛（八仙石至宣家埠）配塘兵 52 人，包括把总 1 名、马战兵 3 名、步战兵 9 名、守兵 39 名，驻地为宣家埠。而九堡堡房也设于宣家埠，我们从清乾隆三十年（1765）《安澜园至杭州府行宫道里图说》中可以看到宣家埠地名。

宣家埠成为钱塘江北岸海塘线上的重要节点后，周边渐成人烟集聚之地，并成为九堡一带人气最旺的集市。直到中华人民共和国成立后九堡老街兴起，宣家埠才逐渐衰落。

闸是一种用以控制河渠水流的启闭型水利设施。钱塘江边的闸，部分是沟通内河和钱塘江的主要水利设施，如古代的浙江闸、龙山闸，现代的三堡船闸、七堡船闸、八堡船闸等；部分为塘河之间的水利设施，如青龙闸、太平闸、潮安闸、杨家闸、朝北五圣堂闸、梁家闸、万善闸等。限于篇幅，下面就主要水闸，按重要程度分别进行或详或略的介绍。

浙江闸、龙山闸

浙江闸位于南星桥，是钱塘江与江南运河的重要沟通节点。此地原是南北朝时的柳浦，唐朝时称为"樟亭"，吴越国时则改称浙江闸。

咸淳《临安志》载："龙山浑水闸、清水闸，并在龙山。浙江浑水闸、清水闸，并在便门外。"另据《十国春秋》："天宝三年……筑捍海石塘……置龙山、浙江两闸，以遏江潮入河。"钱镠在修筑海塘之时又设置了龙山、浙江两闸，主要是遏制江潮入河，既保持城内河道与钱塘江相通，又能阻止江沙涌入、咸水倒灌，从而减轻潮患、稳固陆地。

浙江闸在北宋年间多次修缮，天圣四年（1026）海潮冲坏此闸，侍御史方耷上奏朝廷，宋仁宗下诏修复。南宋乾道五年（1169），郡守周淙又加重修。后由于江岸淤涨，闸体遂被湮没。

龙山闸是龙山河的通江船闸，位于白塔岭下龙山河口，北宋时曾多次修复。南宋时，龙山河因临近皇宫废置不通航，龙山闸亦随之废弃，元代再次开通。

根据"杭州全书·钱塘江丛书"《钱塘江航运》的记述，直至 20 世纪 50 年代初，龙山闸尚有船只、竹木筏等翻坝经中河入城，1958 年方才废弃。今白塔公园内留有龙山闸遗址。

土备塘是抵御钱塘江潮水的重要防线，上城境内的土备塘穿越四季青、彭埠、笕桥、九堡，对沿途百姓来说，是一条名副其实的生命线。土备塘沿途有青龙闸、太平闸、潮安闸、杨家闸、朝北五圣堂闸、梁家闸、万善闸等，闸埠相连，涵洞相通，有"十闸九涵洞"之说。其中，青龙闸、太平闸、潮安闸、万善闸在清乾隆三十年（1765）《安澜园至杭州府行宫道里图说》和乾隆《杭州府志·海塘图》中均有明确标注。上述水闸大都建于明清时期，具体年代多无明确史料记载，20世纪70年代末期后逐渐被拆除。

青龙闸位于彭埠云峰村，原土备塘南边。传说乾隆南巡曾途经此处，因闸名忌讳，改经临时过道，老百姓称临时过道为"御道"，其南村因近御道而得名御道村。1961年建有电力机埠一座。

太平闸位于原彭埠村与五堡村交界处的备塘上，原系涵洞式木闸板门结构。1974年改建成条石砌墩结构。

杨家闸（普福闸），位于原普福村土备塘南侧，六号港与备塘河交汇处。20 世纪 70 年代初曾改建。

朝北五圣堂闸位于原普利大队与笕桥交界处，也称普利闸。闸为石砌，门为木制，1978 年改建为钢筋混凝土闸门。

梁家闸位于原普利大队与笕桥交界处，因地处梁宅旁边，故名。原闸两边由条石砌成，闸门为木质结构。1979年改建成桥。

万善闸位于九堡三村九号港。

三堡船闸、七堡船闸、八堡船闸

三堡船闸于 1983 年 11 月 12 日作为京杭运河钱塘江沟通工程重点项目之一开工建设。闸室长约 160 米，宽约12 米，设计年通过量 300 万吨。船闸上、下游均设有远方锚泊区。1988 年 3 月 8 日，三堡船闸通过中间交工验收，质量被评为优良，并交付使用，开始试运行。1989 年 2 月1 日，三堡船闸正式通航运行。三堡二线船闸于 1993 年9 月开工建设，1996 年 12 月完工并投入试运行，二线船闸闸室总长约 200 米（比一线长 40 米），宽约 12 米，设计年通过量为550万吨。

三堡船闸是目前上城境内最主要的船闸，2011年被列入杭州近现代重要史迹及代表性建筑，确定为第六批浙江省省级文物保护单位。2023年，被列入浙江省第二批革命文物名录。2022年12月，三堡船闸荣获"交通运输行业十佳明星船闸"称号。

七堡船闸位于钱塘江九堡杨公村段，建于20世纪50年代。船闸利用钱塘江和内河水位的落差，引江水补给上塘河水源。闸室长约150米，宽约13米，设计通航能力为100吨级。船闸的建成，沟通了钱塘江与上塘河水系，使钱塘江与乔司港，通过外乔司船闸，与下沙诸多河渠相连。七堡船闸除通航外，灌溉季节还承担向上塘河引水的任务，在农田灌溉、抗旱排涝方面发挥了重要作用。但七堡船闸也导致大量泥沙进入上塘河水系，并引发咸潮侵入。因此，上塘河地区河道每隔几年都要疏浚一次，并实施科学灌溉。

八堡船闸位于上城区九堡街道八堡社区和钱塘区下沙街道头格社区交界处。于2017年正式开工建设。

2023年7月，八堡船闸正式建成通航，它是浙江省迄今规模最大的内河航运枢纽，闸室有效长度约 300 米、宽约 23 米、水深约 4.2 米。与三堡船闸相比，八堡船闸不仅将通行船只的吨位限制提升至千吨级，而且其年单向通过能力更是提升 5 倍以上，可达 4200 万吨，被誉为"钱塘第一闸"。

第二节　与钱塘江相关的山河（湖）

历史上钱塘江变迁频繁,杭州段北岸的玉皇山、凤凰山、吴山,都曾与钱塘江密切相连,若再往秦代之前上溯,杭州大部分的山,包括北面的皋亭山,也曾被钱塘江江水淹没。钱塘江两岸的大部分湖泊,包括西湖,也曾是钱塘江的一部分。限于篇幅,笔者现就唐代以来与钱塘江直接相关的山、河（湖）,根据影响大小,分别展开或详或略的介绍。

> ### 龙山（玉皇山）、凤凰山、吴山

《杭州市地名志》云:"玉皇山在西湖南部。海拔246米,由二叠系石灰岩构成。相传五代吴越国王迎明州（今宁波）阿育王塔之舍利供于此,原称阿育王山,简称育王山,谐音玉皇山,又称玉龙山。有盘山公路通山巅,可北眺西湖,南望钱塘江。"

玉皇山,在大部分有关钱塘江的史料中,被称为龙山。

明田汝成《西湖游览志》载："龙山一名卧龙山，又名龙华山，与上下石龙相接……山北有鸿雁池，其东为白塔岭……宋籍田，在天龙寺下，中阜规圆，环以沟塍，作八卦状，俗称九宫八卦田，至今不紊。山旁有宋郊坛。"这印证了玉皇山即龙山。

有关龙山的资料，在咸淳《临安志》等众多古籍中经常出现，在海塘修筑的记载中，龙山也是一个重要的节点。另外，龙山河、龙山闸、龙山渡等地名更是与龙山直接相关。

凤凰山，位于吴山西，玉皇山东，海拔约157米。《太平寰宇记》载："凤凰山，在县西北五里。山形象凤翅。"故以山形得名。山麓为唐宋时州治所在。南宋定都临安府，扩建州治为大内（皇宫），凤凰山被圈入禁苑。山顶砥平，可容万马，为南宋御军教场。元末张士诚据杭州筑城，始截山于城外。

凤凰山也是钱塘江史料中常见的一个地名。秦汉时期，凤凰山、吴山一带，是一个伸入海中的半岛，与宝石山隔海相望。

因凤凰山而得名的凤山门，是杭州十大城门之一，而建于元至正十九年（1359）的凤山水城门，则为杭州目前唯一存在的古城墙和古城门。它是大运河世界文化遗产的一部分。

吴山，又名城隍山，唐代曾称青山，在浙江杭州市西湖东南。山势绵亘起伏，伸入市区，左带钱塘江，右瞰西湖。《读史方舆纪要》载："吴山，在府治南。《图经》云：'春秋时为吴西界，故名。'或曰以子胥名，讹伍为吴也。亦名胥山。"

吴山历史上曾濒临钱塘江，山上至今有供奉潮神伍子胥的伍公庙。

上城沿江河流纵横，如运河、龙山河、中河、沙河、备塘河等，有些通过船闸与钱塘江直接相通，有些为间接相通，限于篇幅，笔者仅列述与钱塘江相通（包括历史上曾经相通）的部分主要河流。

运河

京杭大运河杭州段北起塘栖，南至三堡，长约 39 公里。

江南运河的开凿，可追溯至春秋时期。《越绝书·吴地传》记载："百尺渎，奏江，吴以达粮。""百尺渎"即吴越争霸时期沟通太湖和钱塘江的人工水道。秦统一六国后，开通了从今嘉兴至杭州、连接钱塘江的陵水道。隋大业六年（610），隋炀帝下令开凿南北大运河并拓浚江南河。至此，大运河杭州段基本成形。

元末张士诚开凿新运河前，运河经上塘河进入杭州；张士诚开凿后，运河改道塘栖至江涨桥，上塘河成为江南运河支流。

唐代开三沙河，使运河水系与钱塘江沟通。由于钱塘江大量泥沙被带入河道，河道常淤，后吴越国钱镠在河道上修建龙山闸和浙江闸两处闸门，以阻止泥沙进入。此后，钱塘江与运河便主要通过各种船闸进行沟通。

1983年，运河南端（艮山码头至三堡船闸）开挖；1989年2月，三堡船闸建成通航，实现了钱塘江与运河主航道的沟通；2016年，运河二通道开工（塘栖至八堡船闸）；2023年7月，八堡船闸宣布建成通航，钱塘江与运河再度牵手。

龙山河

龙山河，在凤山水城门南，至龙山闸。以凤山水城门为界，北面称为中河，南面称为龙山河。咸淳《临安志》载："龙山河，南自浑水闸，由朱桥至南水门。"民国《杭州府志》曰："河长九里二百六十二步，造石桥八。"

龙山河历史上曾多次淤积，多次被疏浚。南宋时，为保障皇城的安全，龙山闸始终处于关闭状态，龙山河也完全断航。龙山河在南宋末期已经几乎完全淤塞。元代虽然解除了龙山河的禁航，但此时河道已经被填埋，其上已建有民居，完全无法通航。后由官吏提议重新疏浚龙山河，使其再次通航。

因长期的使用带来了持续不断的泥沙淤积，龙山河的水位最终在明嘉靖年间超过了钱塘江。官府拆除了原有的闸口，在闸口的位置修建了堤坝，来往船只需要翻坝通行。《大清一统志》载："龙山河，在钱塘县南。自凤山水门至龙山闸，接钱塘江。旧有河计十二里，置闸以限潮水。宋时滨江纲运，由此入城。后以近大内，不通舟楫。元延祐三年，丞相脱脱浚之，立上下二闸。明时以河高江低，改闸为坝，后仍置闸。本朝康熙二十四年，巡抚赵士麟重浚。雍正五年又浚。"

龙山河是钱塘江入京杭大运河的重要通道，据说当时，在现在六和塔至美政桥一带的江涂上，经常形成长达数公里的停靠区，货物等着进入龙山河，昔日这里的繁忙与人气可想而知。

现在的龙山河南起龙山闸口，北至凤山水城门，全长约 4400 米，与钱塘江已不再相通，已成为一条城市景观河道。

中东河、茅山河

唐代在杭州曾开三沙河，《艮山杂志》载："潮水冲击，至于奔逸入城，势莫能御，故开沙河以决之，河有三，曰外沙、中沙、里沙。"三沙河具体为哪几条河？有不同说法，有学者认为外沙河即菜市河（东河），中沙河为茅山河，里沙河为盐桥河（中河）。也就是说菜市河（东河）、茅山河、盐桥河（中河）均开掘于唐代。

咸淳《临安志》称中河为盐桥大河，南自都亭驿州桥、通江桥，与保安水门里横河汇合，过望仙桥，直北至梅家桥出天宗水门。一脉自仁和仓后葛家桥、天水院桥，由淳祐仓前出余杭水门。

茅山河在宋代与盐桥大河并行，南宋《梦粱录》卷十二"城内外河"云："茅山河，东自保安水门向西，过榷货务桥，转北，过通江桥，一直至梅家桥，元德寿宫之东。今宗阳宫有茅山河，因展拓宫基填塞，及民户包占，虽存去水大渠，流至蒲桥后，被修内司营填塞，所不及故道，今废之久矣。"

苏轼在杭州时，曾疏浚盐桥、茅山二河。茅山河后因修德寿宫而被填塞。

东河宋时在城外。淳祐《临安志》称菜市河，嘉靖《仁和县志》称东运河，《杭州地理纪要》称东河。至于开掘年代，有人认为在唐代，也有人认为在五代。咸淳《临安志》记载，其"南自新门外，北沿城景隆观，至章家桥、菜市桥、坝子桥，入泛洋湖，转北至德胜桥，与运河合流"。东河上的坝子桥有"杭州第一桥"之称，建于宋代，上有凤凰亭。桥侧原有水门，上筑水坝，东河水经此与运河交汇。

　　　　　　　　　　上城地名拾萃

中河与东河历史上都是京杭大运河连通钱塘江的重要河道。中河在唐代直通钱塘江，五代后经龙山河与钱塘江相通，东河通过与运河交汇而与钱塘江间接相通。

东河在中华人民共和国成立后经改造得以通过管道与中河沟通。中河、东河在20世纪80年代前，水质较差，时常发臭。后经20世纪八九十年代的改造，环境得到根本改善。现均已成为景观河道。

目前，中河南至凤山水城门与龙山河相接，北至长运路（体育场路与环城北路之间）东折与东河相连。东河南至河坊街西折与中河相连，北穿环城北路与运河相汇。

贴沙河

贴沙河南起凤山水城门附近的贴新闸，沿江城路东、环城东路东侧延伸，过环城北路艮山立交桥涵洞以北的艮山闸入运河。

咸淳《临安志·城外·运河》："南自浙江跨浦桥，北自浑水闸、萧公桥、清水闸、众惠桥、椤木桥、朱家桥转西，由保安闸至保安水门入城。土人呼城外河曰贴沙河，一名里沙河。"而唐代开掘的三沙河中包括里沙河，据此，不少学者认为贴沙河开掘年代应在唐代，并与钱塘江相通。

另乾隆《杭州府志》说："外沙河，南自永昌门绕城东北，过永昌坝、螺蛳桥，东至蔡湖桥，北连庆春门，沿城转西，至会安坝下艮山河，入泛洋湖转北，至得胜（德胜）坝，东与上塘运河相合。"文中的外沙河应为贴沙河（当时东河已在城内）。关于贴沙河、中河、东河的历史，争论较多，这里不做展开。

元末，张士诚改筑杭城，东扩3里，贴沙河成为东城城墙下的护城河。但此后贴沙河因泥沙淤积，几近消失。嘉靖《仁和县志》中《重开贴沙河记》一文，记载了作者汪大受在杭州重开贴沙河的整个疏浚过程。

清代以后，贴沙河不再通航，因而水质得以保持良好。民国时期，贴沙河边建清泰水厂，贴沙河成为水源地。现贴沙河为自来水水源保护区，同时也是一条景观河道。

前沙河、后沙河

嘉靖《仁和县志》载："前沙河，在菜市门东，太平桥外沙河北，水陆寺前入港，可通汤镇、赭山、仁和盐场，东南接外沙河，北达后沙河。"另雍正《浙江通志》载："前沙河在菜市门外，东南接外沙河，北达后沙河。咸淳《临安志》：东坡尝于此督役开河，有《汤村开运盐河雨中督役》诗。"

根据各类史料，前沙河应为连接贴沙河并通后沙河之河道，主要向东北方向流经太平门外、彭埠、笕桥、乔司等地，最后汇入赭山港，是与钱塘江相通的一条河流。

后沙河，根据咸淳《临安志》，在艮山门外坝子桥北。嘉靖《仁和县志》载其南接城内运河，北达蔡官人塘河。

翟灏《艮山杂志》对后沙河有较详细的记载："此河即外沙河之下流，自城隅转西，过今会安坝，注五里塘。初未建会安、俞家两坝时，原有一大坝，当将西转处，横截其流，谓之坝子。自坝以北，别称后沙河，或亦称坝子河。其水东分一支过永济、跨塘、顾家三桥转北，自郑家麦庄桥至石斗门。又自郑家桥东，过彰嘉赵家桥，转东北过扬嘉白石寺桥，至姚斗门、二斗门。"

根据史料，后沙河为贴沙河一支流，与前沙河相通，与钱塘江间接相通，在上城境内主要流经闸弄口、笕桥和彭埠。

备塘河、蔡官人塘河（蔡塘河）

备塘河又称蔡官人塘河。淳祐《临安志》云："蔡官人塘河，在艮山门外九里松塘姚斗门，通何衙店、汤镇、赭山。"蔡官人塘河据传由南宋瑞州通判蔡汝揆回乡时带领乡民疏通，是城东一带主要河流，通过赭山港与钱塘江相通。

新开河

新开河南起贴新闸，与贴沙河相接，沿秋涛路、原杭海路至七堡。原经定海东、西闸，可在汛期排水至钱塘江，是杭州城内的一条重要河流，是 20 世纪 50 年代初专为灌溉周边农田而开挖的，当时河水清澈。20 世纪 60 年代后，沿河少数单位和个人任意填河搭建违章建筑、倾倒垃圾，导致河道缩窄，流水不畅，河床淤塞，加之工业废水和生活污水的任意排放，终致河水水质恶化，臭气熏天，成为远近闻名的"龙须沟"。1999 年，新开河进行了大规模的整治，面貌焕然一新。现在已是上城区主要景观河道。

由于历史上江潮的冲袭，上城沿江一带的大部分地区，河道纵横，池塘星罗棋布。特别是四季青和彭埠一带，大小湖泊、池塘数不胜数，仅彭埠就有 100 余个池塘。其中，不少池塘还颇具历史渊源，如凯旋街道的华家池，采荷街道的荷花塘，四季青街道五福社区的"团团湖""后龙潭""中龙潭""前龙潭"，四季青街道水湘社区的"大刀湖"，彭埠的元宝塘、烟火塘和茶水塘，等等。古代上城境内还有浣纱潭、洋缺潭等。

池塘多了，与池塘相关的地名也随处可见。其中，以沿塘家族姓氏命名的地名最多，如方家塘、钱家塘、罗家塘、柴家塘等。限于篇幅及与钱塘江主题的相关程度，笔者就不再详述这些地名，如有机会，另编专辑。下面就历史上影响较大的 2 个湖泊——诏息湖（阼湖）、槎渎（槎溪）略加介绍。

诏息湖（鲊湖）

《艮山杂志》载："自赭山约十余里，为临平湖，又十余里为槎渎，又十余里为诏息湖，又十余里为泛洋湖，又十余里为缆船石，以上五处，在今尤为大泽，在古则联贯成一。"也就是说，清代的时候，钱塘江北尚有西湖、泛洋湖（今朝晖一带）、诏息湖（石桥、丁桥、笕桥一带）、槎渎（和睦、丁桥一带）、临平湖五大湖的遗迹，这几个湖在古代是连在一起的。五大湖中，诏息湖和槎渎部分区域在上城境内。

诏息湖，据《水经注》："浙江北合诏息湖，湖本名鲊湖，因秦始皇帝巡狩所憩，故有诏息之名也。"

根据《说杭州》，湖址约在皋亭山南，但现已无法考证。根据其规模，大致应包括拱墅区的石桥，上城区的丁桥、笕桥部分区域。有学者认为，石桥的桃花漾或是诏息湖的最后遗存。目前，有关部门已将该地作为诏息湖遗址打造成历史文化公园。

槎渎（槎溪）

槎渎，也叫槎溪，乾隆《杭州府志》解释了槎渎演化为槎溪的过程：远古时江海灌输于此，白茫茫一片水面，故称"渎"；后海水退去，渐渐淤塞，"所存仅一溪径，遂名溪"。

槎渎（槎溪），具体位置究竟在哪里？根据清张大昌《临平记补遗》里援引《艮山杂志》中的内容："槎溪今不著，惟官庄后河桥北，有四桥相向，西曰槎渡、东曰槎溪、南曰永乐、北曰丰乐，里俗总呼之曰和睦连桥……"和睦连桥，也就是现在的乔司和睦村。另据《临平记补遗·临平图》，槎渎在桐扣山麓，两条河交叉呈十字形，四面有4座桥，统称和睦连桥，古图标注和睦连桥西之河道为槎渎。槎渎北通星桥，南流赤岸。

根据以上资料，槎渎（槎溪）应在和睦村和丁桥东部一带。

浦为水边或河流入海的地方，钱塘江沿岸的浦指河流入钱塘江的地方，历史上钱塘江边有不少浦，如铁幢浦、临浦、渔浦、柳浦、福村浦、白石浦、进龙浦、汤村浦、鲜船渡浦等，有些至今仍作为地名保留，如临浦、渔浦。钱塘江北岸，属于今上城境域的浦有：铁幢浦、柳浦、福村浦、白石浦、进龙浦、汤村浦、鲜船浦。

铁幢浦、柳浦、白石浦、鲜船渡浦、汤村浦、进龙浦

嘉靖《仁和县志》载："铁幢浦，在候潮门外，钱王射潮之箭所止处，立幢识之……柳浦，在凤山下。隋置郡处，晋吴喜进兵此地。鲜船浦，在临江乡。福村浦，在临江乡。白石浦，在白石村。汤村浦，在临江乡。今已陷于海沙，虽涨而浦则无迹矣。"进龙浦，《海塘录》载："《神州古史考》：黄山浦又东北，俗称进龙浦。今沿江依龙山而入者也。"朱樟《一半勾留集》有《同啸崖登白塔岭步至晋隆浦新桥叠韵》（二首）。

临江乡为宋至清代的彭埠及周边地区。龙山指玉皇山。柳浦一般认为在今南星桥附近。

第三节 其他相关地名

江干

江干为江岸之意，从唐末开始，"江干"作为一个地理名称泛指杭城凤凰山、候潮门外临钱塘江一带。《吴越备史》卷一载，钱镠"新筑罗城，自秦望山由夹城东亘江干"，此时已出现江干之称。清宣统二年（1910），江干又开始成为行政建制名。1927 年杭州建市后，江干成为六区之一。中华人民共和国成立后，江干区一直为主要城区，直至2021 年与原上城区合并成立新上城区，江干区自此退出行政区划名称。近代，钱塘江上百舸争流，众多载货的竹筏顺流而下，阳光下一片金黄，所以又有"金江干"之美誉。

望江门

望江门是杭州十大城门之一，始建于南宋绍兴二十八年（1158），又名"新开门"。南宋末毁。元末，至正十九年（1359）重建城垣，拓展东城3里，在此建门，并改名永昌。因登城楼可远望江潮，所以清康熙五年（1666）改名为望江。门外江涂田野，乡民以种菜为业，运菜进城多由此门，故有"望江门外菜担儿"之谣。民国初因筑路拆除城墙城门。

近江村、沿江村

近江村、沿江村均位于四季青街道，地名也均因近钱塘江而得名。

御道

御道位于原彭埠四堡，现为御道社区。地名源于民间传说。相传乾隆下江南，从太平门沿土备塘去海宁，行至彭埠青龙闸，因忌闸名而另辟新路绕道而行，后来，人们便把新辟的道路称为御道。其实，真正的御道在彭埠云峰村，只因在云峰和四堡交界的地方有一个弯口，那个地方的村民习惯称此弯口为御道口，时间一长，人们反将御道南面的四堡村改名为御道村。

羊坝头

羊坝头位于西湖大道旁，原东起中山中路中段，西至定安路中段，今缩短至东起后市街。

羊坝头原名"洋坝头"，因古时该地为海滨，为防海潮侵袭，在此修建防海大塘，故称"洋坝"，后巷名讹为羊坝头。

咸淳《临安志》记载："市西坊，俗呼坝头，又曰三桥街，今为市曹。"羊坝头在宋代为繁华街市的一段。

临江乡

临江乡为宋至清末彭埠及周边一带的行政建制，其范围包括今彭埠全境，以及笕桥、闸弄口、凯旋、四季青部分区域。因临近钱塘江，故得此名。南宋时，据传辖望潮、海门、曲江三里。

钱江二桥（彭埠大桥）、钱江三桥（西兴大桥）、
钱江四桥（复兴大桥）、钱江八桥（九堡大桥）

　　自 1937 年钱江一桥（钱塘江大桥）诞生以来，经过 80 多年的建设发展，尤其是改革开放后，钱塘江已从昔日天堑，变成如今的通途。现在，钱塘江上已有 11 座大桥，其中，钱江二桥（彭埠大桥）、钱江三桥（西兴大桥）、钱江四桥（复兴大桥）、钱江八桥（九堡大桥）位于上城境域。

　　钱江二桥，北起彭埠御道，南至萧山盈丰。始建于 1988 年 4 月 21 日，于 1992 年 4 月 1 日正式投入运营。它是世界上第一座在强涌潮河段修建且公路、铁路在同一平面完全分离并列的特大桥。紧邻钱江二桥上游约 20 米处，还有钱江铁路新桥，该桥始建于 2007 年 12 月 27 日，于 2013 年 7 月 1 日正式开通，全长约 2222 米，其中正桥长约 1340 米，设计速度为 250 公里 / 小时。

　　2019 年，在钱江二桥东侧，一条集城市快速路、轨道快线、慢行系统于一体的新彭埠大桥动工开建，并于 2022 年 9 月 28 日正式通车。

钱江三桥，北靠钱江新城，南连钱江世纪城。始建于1993年12月18日，于1996年12月底建成，主桥长约1280米，全长约5700米，桥面为双向六车道。桥面以上部分索塔高约81米，每塔有5对竖琴式斜拉索，是国内首座具有世界先进水平的现代斜拉索桥梁。

钱江四桥，位于钱江一桥下游约4.3公里的南星桥附近。北端通过复兴立交桥与杭州市中河高架桥相接，南端与滨江区中兴立交桥相连。始建于2002年3月28日，于2004年10月16日全线通车，为双层双主拱的钢管混凝土组合系杆拱桥，全长约1376米，宽约26.4米，设计速度为60公里/小时，先后获得"鲁班奖""詹天佑金像奖"等奖项。

钱江八桥，位于九堡杨公村附近，北起东德立交桥，上跨钱塘江水道，南至通惠路。始建于2009年3月16日，于2012年7月2日通车运营。大桥全长约1855米，主航道桥约650米，桥面为双向六车道城市快速路，设计速度为80公里/小时。是杭州通城高架路及东湖高架路的组成部分。

随着城市快速发展，钱塘江两岸的建设日新月异，尤其是杭州市政府实施跨江发展战略后，钱江新城、钱江世纪城，以及钱江新城二期快速崛起，其中钱江新城和钱江新城二期均位于上城区。在建设过程中，涌现出众多与钱塘江相关的路名及楼盘名，如路名中的之江东路、钱江路、钱潮路、潮声路、江锦路、富春江路、清江路、江汀路、江津路、江浦路、江岚路、沙地路、定江路等，以及楼盘名中的钱江府、观潮景江城市花园、杰立潮正府、蓝色钱江、春江花月、钱江御府、春江名苑等。限于篇幅，这些路名及楼盘名暂时不展开阐述。

业、经济繁荣、文化昌盛，钱塘一举富庶东南。故而，浙江特别是杭州才能在赵宋时期大放异彩。钱氏之功善哉、伟哉！

当我们梳理上城诸多地名文脉时，更深切地感受到这个特殊时期对后世的独特贡献。唐代开凿三沙河，是杭州城市建设中的东进序曲，吴越的城市建设则是浓墨重彩的一章，值得大书特书。上城的很多地名，看似吴越元素所占比例不高，但是如果缺少了吴越，打个不一定恰当的比方，就像一剂中药良方，缺少了药引。吴越的精神气质，上接隋唐，下启宋元，深深地融入杭州的城市文化中。南宋的帝都气象，源自吴越打造的皇城范儿。

以下文字，或仅能揭示吴越一角。但即便如此，令人品读之余，细味之下，仍能感慨前人筚路蓝缕之功也。

第三篇

吴越地名文化

倪建华

每一部历史、每一种文化都是继往开来的，也都有各自承前启后的阶段。

上城，已经迈向豪迈雄壮的钱塘江时代，却也在不断地挖掘堪可回味的悠长宋韵。而如今看着繁华的街巷里弄、幽静的山川与潺潺的溪流，多少人还记得更为沧桑的吴越？

写作此文的过程，也是一个与古人对话的过程。在深邃历史隧道的另一侧，吴越文化不断地展现她迷人之处。陈寅恪先生的「华夏民族之文化，历数千载之演进，造极于赵宋之世」，现在多为人所知晓、引用。然而，钱塘宋韵的源头是什么？是吴越！杭州，在隋唐时期是不够起眼的地方。只有到了吴越时期，杭州才成为一个具有决定意义的历史都城。钱镠以下三代五王，虽说仅是割据一方，然其对外保土安民、善事中原，对内兴筑城池、筑塘抗潮、疏浚西湖、发展农桑、鼓励贸易。诸般举措，实已体现当时历史条件下政策水平的上限。故而，境内百姓乐

第一章
吴越城市地名

因本章主要论述吴越"十城门"以内除寺观外的地名，故章名为"吴越城市地名"。本章主要围绕4个关键词来讨论吴越的城建、生活、军事、祠墓等方面。

水。千年之前，杭州时为标准的水城：河湖密布、江海相连。但，斥卤之地不少，淡水资源并不充裕。为此，吴越一方面维护唐代即开凿的六井，另一方面由韶国师开凿大井，金华将军曹杲开凿涌金池。一系列举措得力。因饮水得到保障，市民安居乐业，街巷亦进一步繁荣。

营。世人多谈及钱氏的文治，而武备实为其后盾。上城域内，吴越时期白壁、马家、宝剑3处明确为兵营，落马则为堆积椤木之处。另外，尚有将台山、排衙石、铁冶岭、秸接骨桥、直箭道巷、闸口等处，或直接与排兵布阵有关，或因抗潮等兼涉军事调动，故一并论及。

门。自隋代建杭州城，中间唐代200多年的城建史迹多不可考。至吴越钱镠割据东南，始扩城3次、修门10座。然事经千年，其中细节仍有不少疑问。上城区域内，朝天门、涌金水门所载最无疑义。其余，凡竹车门、新门、南土门、龙山门，史家皆有争议。连带沿西城之清波、东城之保安两门，其中笔墨官司，文中均略述之以就教高明。

墓。生死事大，钱镠崛起临安，身后埋骨衣锦。他的后代及妃嫔，则多归葬杭州。上城域内有钱元瓘墓、钱弘佐墓、吴汉月墓等。其时龙山一带，尚建有吴越郊坛。但无论设坛祭天抑或兴建陵墓，建筑总是易朽的，要想青史留名，还得靠"公道自在人心"。后世他姓顺应民心所建的钱王祠，才是对吴越执政者"功在钱塘"最好的肯定。

第一节　为有源头活水来——上城的千年古井

井，是杭州得以立足、赖以生息的关键。

远在东晋，有学者郭璞，相传能识地下泉脉，为郡人指点凿井。现在吴山脚下的郭婆井，据说就是郭璞开凿的。只不过历史久远，以讹传讹，郭璞变成了"郭婆"。

如同治沙"沙进则人退"一样，如果没有井，没有淡水，人们就只能"交还"土地，即使那是从潮水手中辛苦围垦而来的土地。这些，住在钱塘江边的老百姓最懂。而老上城的发展，也完全遵循这一规律：千年以前，杭州从山中小县走出，西湖以东渐渐淤积成陆。人口繁衍，吃水需求剧增，于是上城有更多的井登上了舞台。

唐建中二年（781），李泌来到杭州担任刺史至兴元元年（784）。李刺史在杭州构筑水井6口，以管道引西湖水入井，解决居民的饮水问题。这6口水井分别是相国井、西井、金牛池、方井、白龟池、小方井。李泌后来做了相国，杭人建祠记其功德，故其中一口有了相国井之名。六井中，今五井俱废，唯有相国井仍存。其址在解放路与浣纱路交叉口西北角。该处曾有天香楼饭店，后改为婚纱摄影楼。1986年4月被列为杭州市市级文保单位。

其余五井，大致也在附近。《西湖游览志》卷十三云："其西为西井，又名化成井；少西而北，为金牛池；又北而西附城为方井，为白龟池；又北而东至钱唐县旧治之南，为小方井。"由相国井又衍生出井亭、井亭桥的地名，井亭，顾名思义，即井上有亭。井亭桥，自然也在井亭附近。这座桥现今已经无存，唯公交站点仍有井亭桥站的设置，8路等多条线路公交在此停靠。

方井，《武林坊巷志》系于皮市巷条，说俗名"四眼井"，其侧有唐侯庙，唐侯即李郇。但此井已在中河以东，如为唐代方井，则与学界普遍认为"六井俱在西湖近侧"的观点相左，待考。

大井

俟后，吴越时韶国师凿大井，即今所谓"钱塘第一井"。该井在吴山北麓大井巷内，又名寒泉、吴山井、吴山第一泉。井池周围 4 丈，水源泓深，从不枯涸，水质佳美。北宋乐史《太平寰宇记》载："吴山泉，在吴山北。寒泉逆溢，清而且甘，汲之不竭。"咸淳《临安志》云："在吴山之北。钱氏时有韶国师者，始开此井，品其水味，为钱塘第一。盖山脉融液，独源所钟，不杂江湖之味，故泓深莹洁，异于众泉。"开凿大井的德韶，俗姓陈，处州龙泉（今丽水龙泉）人。师从文益（净慧禅师），后于天台华顶寺开道场，信众云集。德韶与吴越国王钱弘俶交往颇深，时弘俶尚在台州任上，德韶颇明政治形势，劝钱弘俶早回杭州。后果然有钱弘倧被废、钱弘俶继立之事。

钱塘第一井凿成之初，井池上并无遮拦，常有受冤屈者投井自尽。南宋初，董太尉以巨木石板覆之，上开六眼，供人汲用。淳祐七年（1247），杭城大旱，诸井俱竭，西湖干枯，唯此井与泛洋湖不涸如故，居民赖以度灾。安抚赵氏奏请朝廷，在井上修亭，又在附近建龙王祠。明洪武五年（1372），参政徐立本在井旁立石表，刻"吴山第一泉"五字。弘治年间，井眼木石俱坏，常有行人失足落井，参政周木用石板重新构建覆于井上，上开五眼。

今井保存基本完好，亭、龙王祠及石碑已不存，目前形制与弘治间修建时同，石板上有井圈五，圈高约 0.32 米，内径约 0.34 米，呈六角形。井水深约 4 米，静止水位约 1.8 米，井水系孔隙水和裂隙喀斯特水的混合水，出水量大于 10 升／秒，pH 值 6.7，总矿化度 448.5 毫克／升，游离二氧化碳 19 毫克／升，总硬度 15.2 德国度，属重碳酸钙型水。从井圈向井内俯视，井池中竖立的古拙粗壮之石柱，当是宋高宗时物。

（附）大井巷

大井巷东起中山中路，西折北至河坊街，长约 275 米，宽约 5 米，为上吴山之主要道路。《湖山便览》云："吴山井，俗呼大井……宋时井上有寒泉、龙王祠。"

宋时该地称吴山坊，坊内有吴越时开的大井，巷以井名，遂称吴山井巷，俗称大井巷。巷东通鼓楼，西出河坊巷而对上后市街。大井巷内围绕此井流传着许多故事，比如"朱养心妙手回春"。乾隆《杭州府志》记载："朱养心，余姚人，徙于杭，幼入山得方书，专门外科。"明万历元年（1573），有人在井旁开设朱养心药室，汲取井水炼制专治疮毒的膏药，其药效显著，远近驰名。

清末民初时，巷内商店林立，张小泉剪刀店等名店曾设于此巷。巷北端的胡庆余堂国药号，是一座清代建筑，已有 150 多年历史，至今保存完好，被列为全国重点文物保护单位。

小井

今粮道山北麓小井巷，曾有吴越时古井一口。此地在南宋时为"天井巷"，乃清河王张俊府邸后院所在，附近还有秘书省、太常寺、敕令所等机构。小井之井圈壁有"唐清泰二年"字样，然井早已不知去向。《说杭州》写道：此井北宋后久失其所在。南宋宁宗嘉泰二年六月六日，其地大火，杭守丁常任于御史台西小巷中之瓦砾场发现此井，深 50 余尺，广 10 余尺。于井中获高宗建炎所铸之钱，可知其埋没当在建炎之后。后人以石栏杆围护井的四周，立石碑曰"天府井"。到了明代，在田汝成所写的《西湖游览志》中，小井即又成了"今废"。今之小井巷，北起河坊街中段，与东太平巷相对，南折西连粮道山，全长约 48 米，宽约 2.5 米。巷东侧即为鼎鼎大名的胡庆余堂。

丁兰井

吴越时，皋亭山赤岸地方创建有众善院，后改名为蝙蝠寺。院内有景观丁兰井，康熙《仁和县志》云，其地即汉朝孝子丁兰故居。

灵鳗井

凤凰山上，大约建于后梁贞明三年（917）的梵天寺内，旧有灵鳗井。古人迷信，李觏于《和育王十二题·灵鳗井》中提到时人将鳗鱼当作龙来祈祷："田苗自枯槁，井鳗人所祷。若教龙有灵，此鱼何足道。"另有视灵鳗为护塔之神者，故又俗称圣井。神奇的是，梵天寺经幢果然千年屹立。北宋高僧赞宁曾有《鳗井记》。另外，陈洁行先生曾于寺内发现一砖砌古井，砖体刻有"永泰"年号，疑为唐井。

涌金池

前述古井，大致有两种水源。其一为钱塘第一井，取水于贴近山边的地下水；其二以六井为代表，水源来自大自然的馈赠——西湖。但大自然也是恩威莫测，吴越时期同样也有旱年。天上没有降下甘霖，怎么办？老底子传下的惯例之一就是祈雨，在这方面钱氏可谓用尽"洪荒之力"，具体做法为往西湖里投放金龙银简（在太湖也有投，可见砸下了多少真金白银）。现代人都知道，这和"跳大神"没啥区别，能祈雨下来纯属巧合。真要做水的文章无非两条正路：开源、节流。没有主事者的治理疏浚，水源既不容易得到保护，引水管渠也会因年久失修"发脾气"。吴越时，西湖治理和管渠修护这两方面工作均做得不错，在保安桥附近筑小堰，在半道红（属拱墅区）筑大堰。尤其是新开凿了涌金池，对后世杭城的饮水产生积极影响。

北宋熙宁年间，唐代六井与南井皆废，太守陈襄、通判苏轼选派 4 名僧人负责修复。这次修复，端赖疏通吴越时开凿的涌金池。其做法如下。设立两道闸门于涌金门外，一道通涌金池，分池为上、中、下三部分，浣衣、洗马者不得及上池。这3个池子在20世纪初尚有遗迹，一个在金华将军庙内，一个在庙外，还有一个在附近，但都因筑马路而湮没。另一道闸门后设有石槛，内用竹质的筒状管道引水过三桥注入沈公井。因涌金池位置高于沈公井，"水往下流"，故而取水得以保证。具体的引水路线呈东西走向，大致与今日西湖大道平行或重合。

（附）金华将军庙

金华将军庙供奉者，即主持修筑涌金池的曹杲。曹杲，真定人，吴越文穆王时为金华令。忠懿王朝宋，杲镇抚国中，于城隅浚三池，引湖水入城，以通舟楫。王归，嘉其功，赐池名曰"涌金"。后于池畔建庙以纪念，因曹杲曾平叛兵有功，擢守婺（金华），故庙名"金华将军"。

第二节　铁打营盘流水兵——钱氏与上城军事遗迹

钱镠以一介私盐贩子投军起事，纵横东南十四州，依靠的是手下能打硬仗的八都子弟兵。占据杭州之后，钱氏持续重视部队建设。在战略规划上，秉持平战结合的思路，这从杭州的军营布置中可见一斑。

《十国春秋》卷七十七载："景福二年……秋七月丁巳，镠……新筑罗城……其营屯凡六百：白壁营、宝剑营、青字营、福州营、马家营、大路营。"这 6 座军营，有 3 座在今拱墅区，即盐桥东（今柳营巷一带）的"青字营"、梅家桥东（今梅登高桥附近）的"福州营"、褚家塘（今新华路，一说池塘巷附近）的"大路营"。上城区范围内，则有余下 3 座。

白壁营

白壁营，约在今南星桥之北，地近唐宋州治、五代吴

越国治、南宋大内，濒钱塘江，为盐桥运河（中河）、城外运河（贴沙河）交汇处。咸淳《临安志·浙江图》记，下朱桥之北为白璧营。淳祐《临安志》卷七载："朱桥，旧名南星桥。"《梦粱录》卷七载："雪醅库东曰'南新桥'，俗呼'朱桥'。"《西湖游览志余》卷一载："白璧营，在城南上隅。"唐宋以来，此地即为杭州城南重要的客货运码头和观潮胜地。唐宋时曾设浙江亭、浙江渡、浙江税务、太平惠民局南外局，明清时曾设南新关、秋涛宫等，为杭城东南部最繁华的地段。民国至今，此地有浙江第一码头、铁路南星桥站、南星桥立交桥引道，为水陆交通枢纽。

宝剑营

营址在今柳翠井巷附近。柳翠井巷，南起河坊街东段与打铜巷相对，北至保祐桥东弄与元福巷相接。现井尚存，在柳翠桥弄3号内。《西湖游览志余》卷四云："宝剑营，在钟公桥北。"《西湖游览志余》卷十三云："钟公桥，通上下抱剑营，本名宝剑营，钱王屯军之所。"南宋时此地有熙春楼、南瓦子，相传名妓柳翠居此。柳翠乐善好施，开井一口，名柳翠井，巷遂以井得名。

马家营

　　马家营约在今邮电路。淳祐《临安志》卷七载："修文坊,修文巷。"《梦粱录》卷七载："修文坊,即日将作监巷。"《西湖游览志》卷十三载："修文坊,西通洪福桥,宋有将作监。"马家营,在修文坊,"马家营巷,钱王屯军之所,北通修文坊"。《说杭州》云："铁线巷……宋时名修文巷。有将作监,亦名将作监巷。清代因西为营墙,路塞。吴越时为马家营所在。旗营中有马家营巷,当时与此巷相连。"

　　民国后在此建路,曾称花市路、教仁街,现为邮电路的东段。邮电路,在上城区,东起中山中路,西至湖滨路。马家营有相关地名马家桥,因五代时吴越王屯兵于此,故以得名。

　　比较以上 6 处,特别是上城区的 3 处兵营,可以发现,其全部分布在城区内,且东西距离近,南北跨度大,正好符合了吴越杭州"腰鼓城"的城市特点。另外还有一点,

6处兵营大致以中河为中轴对称分布。

中河，南北纵贯杭州城区，全长约9公里。上城区境内河段南始于钱塘江边闸口小桥的双向泵房，向北历水澄、复兴、化仙等20多座桥至盐桥后流入拱墅区。以中河为中轴建营，体现了吴越时代城市建设的空间策略，军营如此分布，主要可能和人畜大量饮水需要有关——选址再往东甚至越出城墙，城外地下水更为咸苦，无法饮用。其中的马家营，在唐代李泌所开"六井"辐射范围内，最得饮水便利。军营驻扎在这些地方，会不会和附近商民饮水产生矛盾？或者一旦商民饮水出现问题，军营是否出动救助？这些相关问题也值得进一步探究。

稽接骨桥、直箭道巷

旧说中河上稽接骨桥旁有碧波亭，临江不远，为钱镠所建造，用以检阅水军，宋后废圮不存。《杭州市上城区地名志》称：稽接骨桥位于紫阳街道上仓桥北。跨中河。长约9.5米，宽约3.5米，单孔石阶桥。宋名州桥，原中东河茅山河之水会于此。旧时有骨科医生稽清居此，故名。今日的嵇接骨桥位置距离中河甚近，距钱塘江岸线甚远，似与碧波亭临江而立的说法有较大矛盾，故俞泽民认为碧波亭在候潮门外三廊庙一带。

嵇接骨桥之南为上仓桥，上仓桥东南方向的直箭道巷为吴越铁幢浦遗址，传说钱镠即在此弯弓射潮。

嵇接骨桥临江、铁幢浦通江（上城域内古地名"进龙浦""白石浦"等均通钱塘江），那么嵇接骨桥与直箭道巷连线以外，吴越时应是江水汹涌，与今之景象迥异。

《史记索隐》提到，钱镠曾与僧人契盈偕游碧波亭，"时潮水初满，舟楫辐辏，望之不见其首尾，王喜曰：'吴国地去京师三千余里，而谁知一水之利有如此耶！可谓三千里外一条水，十二时中两度潮。'"诚然这是一段千古佳话。吴越海上贸易发达，为后世南宋提供了宝贵借鉴。

排衙石、将台山

土木建筑易毁，地名变迁不定。石头无语，如今要想在上城钩沉吴越遗留下来的军事遗迹，还要借石头来做文章。将台山上的排衙石，是歧说较少的一处。排衙石又称

"队石"或"排牙石",在将台山山顶。石上有诗刻,为西湖著名石景。而将台山巅曾作为钱王讲武之地,总揽江湖之胜,游人登临甚盛。

将台山,南宋时亦称秦望山,在慈云岭东,海拔约203米。山顶平坦,西南端突起一块约4000平方米的高地,形似点将台,将台山之名,或得自此。将台东北,有一组石笋,苍翠玲珑,高3—5米,最小的一块状如灵芝草,上刻"涌地云"3个字。余笋虽形状各异,却整齐地排列成两行,如拱立之卫士。相传吴越王钱镠开凿慈云岭蹬道时见而异之,遂取名"排衙石",并留诗刻于为首一石上。诗历千年剥蚀仍可辨读,字径7厘米大小,从"东南一剑定长鲸"句看,乃钱镠为建郊坛所作之七言诗。杜绾《云林石谱》云:"……向山之巅,险峻处两边各有列石数十块从地生出者,峰峦巉岩,穿眼委曲,翠润而坚,谓之排牙石。"咸淳《临安志》卷二十二载:"凤凰山……石笋林立,最为怪奇。旧传钱武肃王凿山,见怪石排列两行,如从卫拱立趋向,因名排衙石,及刻诗石上。"

北宋治平四年(1067),郡守祖无择面对排衙石筑介亭,苏轼在杭时曾借亭为友人杨杰饯行。南宋时,此处为御教场,

　　　　　　　　　　　上城地名拾萃

亦作殿前司营亲军护卫之所，壁垒森严，宋孝宗曾来此阅兵。传说此地又曾作过六宫嫔妃习武之地，故又有"女教场"之称。《说杭州》云："……相传为钱王讲武之地。南宋为殿前司营亲军护卫之所。孝宗及妃嫔宦竖亦时或校射于此，故俗称御校场，亦曰女教场。"

铁冶岭

铁冶岭，在云居山西北，原名"铁野岭"，讹称"铁崖岭"，相传钱镠曾在岭上置炉炼铁，故名。元代，杨维桢居此，因自号铁崖，地有高阜，土人于山间得断碑，上镌"杨铁崖读书处"六字，因名之曰读书墩。明末毛文龙亦居此。中华人民共和国成立后定名铁冶路。东侧有柳浪阁。

落马营

落马营，是椤木营的讹称。百度搜"椤木"可知，这是一种高6—15米的常绿乔木。椤木营，为钱王修筑捍海塘时堆置椤木之地。据《梦粱录》卷七，候潮门外直东曰

"上椤木桥"，又名普济。白旗寨对巷曰"下椤木桥"。《西湖游览志》卷十九载："济川桥，在抽分厂前，初名椤木桥。相传钱氏偏据时，旁堆椤木，俗因呼之。又谓普济桥，或曰因旧有普济寺得名。"乾隆《杭州府志·府境图》记名椤木营。当时，附近还有钱氏修建的佛寺。民国《杭州府志》载："慧安寺，在十三湾巷，石晋天福间吴越王建于草桥门外，元季废，地入椤木营。"

该地域之后逐步形成南北两个自然村，北落马营位于三多村西南1公里，20世纪80年代，旧城改造建住宅楼3幢。1999年，该村随望江行政村撤销而消失。2001年，成立北落马营社区。

因地而名的还有路、桥。北落马营（路）：东起铁路边，西至直河头北端与候潮路相对。南落马营（路）：东起秋涛路，过铁路至中策橡胶厂南端。落马营桥：位于紫阳街道，候潮桥北，跨贴沙河。

闸口

城市建设虽不涉及战事，然也往往有赖士卒出力，故此处顺便叙及"闸口"。

　　杭州古代城市建设基本呈现向东扩展的趋势。距离西湖最近的清湖河首先得到治理开发，接下来则是东扩至今日中河一线。吴越在其南端开龙山河以沟通钱塘江，并设龙山闸，又在茅山河口设置浙江闸。"闸口"一词，初时仅指龙山闸附近，后被用于泛指白塔岭至南星桥一带含此两闸之地。此处沟通江海，故一度设有过塘行119家。清末民初，起于闸口的浙江首条铁路"江墅铁路"开通。至此，闸口江干一带兼具水运与铁路两大交通优势，空前繁盛，形成杭州最大的木材市场和茶叶市场。

第三节　固若金汤腰鼓城——钱氏与上城古城门

城门是冷兵器时代城市的标配。

隋开皇十一年（591），杭州州治从宝石山东南迁移至凤凰山东麓，隋文帝命令杨素主持营建杭州城。见于史料记载的"杨"的门，共有4座，即钱塘（唐）门、盐桥门、炭桥新门和凤凰门。有唐一代，杭州城址无甚变化，无非"杨"的门换成了"李"的门。

历经近300年的统一王朝后，中国再次步入一段较长时间的分裂期。各地军阀混战司空见惯，所谓城头变幻大王旗，杭州的门，也成了"钱"的门。

唐大顺元年，即890年，秋天闰月，统治吴越的钱镠首次在杭州兴工，筑新夹城凡50余里，环包家山，泊秦望山而回，皆为穿林架险而版筑。看到钱镠的勤劳，役徒受到激励，个个出力，很快在杭城西南部完成了扩城任务。此次设置城门两座：龙山门和雷峰塔下的西关门。

3年后，唐景福二年（893）七月，钱镠再次发民夫

20万及十三都军士筑杭州罗城，周70里。第二次拓筑罗城，对隋唐旧城东北做了更大范围的包围。此次设置城门5座：南土门、朝天门和宝德门（今环城东路北端）、北关门（今武林小广场北附近）、北土门（今东清巷口）。

在两次大规模筑城后，李家天下终于倾覆，中原换了新的主人，黄巢旧将朱温上位称后梁太祖。钱镠这边，则忙着筑塘抗潮。后梁开平四年（910），《资治通鉴》载钱镠"筑捍海石塘……广杭州城，大修台馆，由是钱塘富庶，盛于东南"。在解除潮患的当儿，"钱"的门中最后一座竹车门，也在钱镠指挥抗潮的前线被正式筑成。

至此，连同隋唐故门盐桥门、炭桥新门，老的杭城十门的格局渐次成型。

10座城门中，上城区范围内有5座，即龙山门、南土门、朝天门、新门、竹车门。

龙山门

清代的乾隆《杭州府志》、《神州古史考》均认为龙门山在包家山下，即南宋的嘉会门。民国《杭州府志》还批评《七修类稿》把龙山门定在六和塔西是臆测，认为龙山门无非"其门则较今偏近于东"而已。《杭州府志》此说，有点夸张，因"六和塔西"说，实非到了明代才有的说法，周密《武林旧事》即有记载。钱益知所著《杭州地名史话》则认为龙山门在今洋泮桥一带。

南土门

乾隆《杭州府志》认为南土门即清泰门。清人张钺《杭都杂咏》云："清泰门，在城东尚义坊，即吴越南土门，宋之崇新门也。"陆鉴三先生认为南土门在今淳祐桥西，《杭州地名史话》所见略同，谓在淳祐桥西南。

朝天门（鼓楼）

朝天门是几座城门中最没有争议的，即在今鼓楼附近。鼓楼所处的位置，西倚吴山（伍公山），东濒中河（盐桥河），可称咽喉要道。此处兴筑城门，正好借用了天然关隘。

吴越朝天门筑于今中山中路与中山南路交接之鼓楼湾，

是当时罗城的起点，中通南北向大街（今中山路）。城楼高大雄伟，系杭城三大城楼之一。《西湖游览志》卷十三载："……规石为门，上架危楼，楼基叠石，高四仞有四尺，东西五十六步，南北半之。中为通道，横架交梁，承以藻井，牙柱壁立，三十有四。东西阅门对辟，名曰武台，夷敞可容兵士百许。武台左右北转，登石级两曲达于楼上。楼之高六仞有四尺，连基而会十有一仞，贮鼓钟以司漏刻。"

南宋时，凤凰山为皇宫所在地，此为进入皇宫第一重大门，仍沿称朝天门。元改名拱北楼。明洪武八年（1375）更称来远楼，后又改称镇海楼，请当时的书法家詹希原书额，并篆书"吴山伟观"四字嵌于门之北墙。正德年间在楼中设置大钟一口、大小鼓数面，按时敲钟击鼓，以报时辰。杭人因此俚呼"鼓楼"（也有认为清代这一俗称方出现）。鼓楼自建成至清光绪年间，先后7次毁于火灾，屡毁屡建。城上为此塑潮神像以禳之，"然无济于事也"。清光绪年间整修后的鼓楼高2层。

1970年拆除鼓楼而建街心广场，2002年鼓楼复建后高约19.8米，建筑面积达1046平方米，成为河坊街历史街区的一个游览点。其重檐下和城门洞上方分署"朝天门""镇海楼""鼓楼"额，以示鼓楼嬗变的历史。楼南侧立今人顾志兴撰《重修鼓楼记》碑刻，文末曰："登斯楼也，东海苍茫，钱江澎湃，吴山秀色，西子风姿。游目骋怀，风光无限。"

复建的鼓楼底层现为展示厅，主要用于展示在鼓楼遗址中发现的文物，介绍其历史沿革相关资料。二楼为主厅，安置一钟九鼓，重现当年钟鼓齐鸣的情景。鼓楼见证了钟鼓的发展演变、朝代的更替和城市的变迁，是城市历史文明的重要见证。

新门

照《新门散记》的说法，新门在竹椅子巷口。但此门为南宋绍兴时增筑东南之外城时新开的。吴越时期的新门，《西湖游览志余》和《七修类稿》均讲得十分含糊，大意仅仅说钱镠时筑杭州 10 座城门，其中之一"曰新门，在炭桥东"。有文章根据吴越"腰鼓城"的特点，将此新门定位在丰乐桥西旧炭桥之东。

竹车门

竹车门也是一座位置颇有争议的城门。此门因筑城时以"竹笼盛巨石"车运之定城基而得名,这点应该是公认的。但《神州古史考》《杭州地名史话》认为其位置在今望仙桥东南,该说大致和《七修类稿》同,约今建兰中学、金钗袋巷一带。果如此,则吴越时的城门仅将中河包于城墙根内,河东岸距城门不过咫尺。乾隆《杭州府志》《武林坊巷志》认为其与宋代保安门址相近。保安门,大约在彩霞岭社区和其东江城路。一说在镇东楼,即今抚宁巷一带。总之,此说的位置与上说差别不大,只是略靠东南一点。

另一种说法认为,此门还在更东、更南的位置,即后世所谓"候潮门"附近(古候潮门碑,建于今雄镇楼大转盘附近)。候潮门,宋代杨存中建。因临江,一日可观潮两次,故易名为候潮门。《武林旧事》曾记有宋孝宗帝出门观潮事。门外旧有观潮楼,门内有都亭驿及侍从官宅。相传,绍兴之酒,皆由此门入城,故有"候潮门外酒坛儿"之民谣。城门于民国时期被拆除,地名仍沿用,并派生出候潮路、候潮门外直街、候潮公寓等地名。今候潮门附近为旧城改造区。

此一说的优势在于可以和后世的地名做衔接，但容易掉入"以今律古"的陷阱。况且如钟毓龙先生所谓，后世这一带有"候潮""通江"二门，简单地把竹车门安在"候潮门"头上，那么"通江门"的归属又如何解决？

通江门，相关地名通江桥，位于紫阳街道福德桥北，东接抚宁巷。通江桥跨中河，单孔石拱桥，本名庆元桥。南宋淳熙三年（1176）漕臣赵蟠老，于桥下置板闸，遇城中河水涸时，则启闸纳潮，故名通江桥。其东即通江门，位置更接近"望仙桥东南"，不是更像竹车门的"接班人"？

要确定竹车门在哪，关键还需对当时筑城的各种选址动因进行合理推测，并对地名做精确考述。

涌金门

吴越杭城除了旱门以外，还有水门。后唐清泰三年（936），钱元瓘开涌金池，始设涌金门，门濒湖，相传为金牛出现处，故名涌金。南宋名丰豫门，明复称涌金门，民国拆除。地名沿用，并派生出涌金路、涌金街道、涌金立交桥等地名。旧时涌金门内有涌金池，系吴越时开凿。钱元瓘曾亲书其名，勒石于门内，又刻石于其侧云"清泰三年丙申之岁建午之月特开此池"。涌金池一名金牛池，宋大中祥符年间，张君房奉旨在杭编《云笈七签》，言金牛涌现之地即在此。

门外有游船码头，故有"涌金门外划船儿"之说。宋时，傍湖有丰乐楼酒肆，为"杭城市肆名家"之一。涌金门原有儿童公园，门票只要1角钱，后儿童公园迁至满陇桂雨公园旁。西湖大道开辟后，在与南山路交叉处北侧设置古涌金门石碑，碑侧涌金池畔尚立有张顺塑像。张顺为梁山一百单八将之一，《水浒传》中言其战死于涌金门下。此为文学创作，而武松则实有其人，《杭州府志》言武松为北宋时杭州提辖，"貌甚伟，尝使技于涌金门外"。

保安水门

保安水门，有论者认为在竹车门附近，由此可出入盐桥运河。宋代的志书，则已经明确记载茅山河入保安水门，过保安桥，过军桥，折而北，合流通江桥。故《杭州市地名志》认为保安水门约建于五代末至宋初，亦即吴越入宋前后。其地今有水门南弄，西起江城路中段，东至贴沙河。旧地名尚有南小桥弄，清时称水门弄，20世纪90年代消失。

清波门

至于后世"十城门"之一的清波门，宋神宗时代的确已经存在，淳祐《临安志》转引《元丰九域志》可证。此门吴越时期是否已经存在尚有争议，且俗呼为"暗门"，则虽城外之水可入城，但不能称为水门，故此处不展开。

讲完城门，最后还得提及在钱镠修筑城池时为之谋划者。此人姓罗名隐，今富阳新登人。曾十上科举不第，改名"隐"。罗隐出身寒微，同情百姓疾苦。其知人论世之作，毛泽东甚为欣赏，晚年还曾引用。罗氏得钱镠赏识，任钱塘县县令、谏议大夫等，出力不少。有关筑城的《杭州罗城记》为罗隐所作。

第四节　上城吴越祠墓祭祀遗存

　　笔者偶然在 2019 年版上城区地图上发现了一座叫作"钱王"的小山，标注在虎跑路东侧。此山因何得名？对照志书上的观点，它更像是民间对"钱王"感情寄托的符号。后世纪念钱王选址何处？吴越王、王妃的墓葬有哪些考古发现？钱氏祭天郊坛在哪里？本节将一一述及。

钱元瓘墓

　　钱元瓘墓，在玉皇山西偏南。1965 年，于墓中发现石刻星象图。钱氏崩于后晋天福六年（941）八月，次年二月下葬，该图应在下葬前刻制，比世界公认的最早石刻星象图——南宋淳祐七年（1247）刻制的苏州天文图早 300 余年。此星象图原盖在墓顶，由红砂石制成，长约 4.71 米，宽约 2.66 米，厚约 0.31 米。全图以北极为中心，外刻 4 个同心圆。第一圈圆直径约 0.495 米，示星象绕天球北极旋转时常年可见之界限，即盖天图之内规。内规圆的外圈圆（中规）直径约 1.195 米，为天赤道。第三圈圆直径约 1.895 米，为外规，示观察纬度星象之可见范围。最外之圈为重规。天文学家考证，全图应有星 218 颗，现存 183 颗。石刻星象图刻工精细，星象位置准确，且刻有基本坐标线，二十八宿之附属星座也十分完整，对探究星象的历史变迁有重要的参考价值，是研究我国古代天文学极其珍贵的实物资料。

钱元瓘墓清代尚存地表痕迹，许承祖《吴越国文穆王墓》诗言"云起龙骧半壁坚，荒陵十四慨桑田"，其自注谈到暇日曾寻访墓园，但见山势回环、气局壮伟，前有石兽数只，形制甚古，"不类今时所见"。又有巨碑矗立，字迹虽剥落，尚隐隐可读。

妙因山

钱元瓘墓所在山体，古称妙因山，因其位于玉皇山以南，故不少人习称南山，实际是以泛称代替了具指。1951 年在此兴建南山公墓，1992 年更名南山陵园。今日南山陵园，有"吴越国文穆钱王墓"。墓碑立于广场中央，碑上方覆石质屋顶，前后置石桌、石坛。

钱王山

南山，民间又有钱王山的俗称。山在玉皇山西，海拔约52米。因南麓有钱弘佐墓，东北麓有钱元瓘墓而得名。钱弘佐，钱元瓘第六子，继承王位时才13岁，即位6年去世，谥忠献王，庙号成宗。因子尚年幼，故由其弟钱弘倧继位。

吴汉月墓

钱元瓘妃吴汉月的墓在八卦田北之施家山南麓，于1958年发掘。吴汉月（912—952），钱塘人，中直指挥吴珂之女，五代吴越国王钱元瓘妃，钱弘俶生母。后周广顺二年（952）六月薨。吴汉月的墓呈矩形，长约7.6米，宽约2.87米，深约3.1米，由大石板砌筑而成。门上浮雕女像，头绾双髻，饰有簪花，穿斜襟广袖长衣，腰带舒展，长裙拖地，脸型丰润，眉目传神，双手拢于胸前，执幡杆。后室为主室，3个壁面上部浮雕"四神"：一壁左为青龙，全长约2.45米，右为白虎，线条流畅，造型生动；北壁玄武，龟张四爪，伏地昂首，蛇头朝下，身缠龟壳；南壁应该是朱雀，后被毁，壁面下部雕刻有十二生肖像，现在尚存7个。墓顶刻二十八宿星象图，已移存杭州碑林。该墓早年遭盗掘，殉葬物品已无踪影。

清代，民间传说通江桥附近有吴越王妃庙。《武林坊巷志》引《过通江桥寻吴越王妃墓不得》称："荒隧难知草几青，摸金校尉出幽冥。通江桥侧王妃墓，机触铜帘发巨霆。"另外，《尖阳丛笔》还记录了一则盗取吴越王妃墓的逸闻。

吴越郊坛遗址

吴越郊坛遗址位于上城区玉皇社区天真山，发现于2002年。吴越郊坛，别称拜郊坛、登云台，建于后梁龙德元年（921），为吴越国王钱镠祭天的场所。遗址面积约2000平方米，依地势分为两层台地，两层之间以数十级台阶相连。遗址人工垒筑痕迹明显，散布有灵化洞、登云洞、朱天庙洞、甘露井、午梦床及近 10 处摩崖题刻等遗迹。其中，《吴越国王钱镠题记》全文为："梁龙德元年，岁次辛巳，十一月壬午朔一日，天下都元帅吴越国王镠建置，钱王拜郊台也。"此遗址为研究吴越国的历史发展及其郊祭仪制提供了难得的实物史料。2005 年，被列为浙江省第五批文物保护单位。吴越郊坛和南宋郊坛选址，均按照礼制设于皇城之南，唯一在小山坡地、一移至平陆而已。

慈云宫

慈云宫在慈云岭，从玉皇山北麓林海亭步行 10 分钟即到。钱镠在此筑登云台，为祭天之所。北宋改为天真禅寺，清改为灵官殿。因地处慈云岭，故称慈云宫，20 世纪50 年代改为小庭园，原殿堂改为一敞轩以供游人歇息。

钱王祠

吴越国"善事中原"，故入宋后，朝廷优待钱氏。据胡敬对淳祐《临安志》的辑佚，钱武肃王庙在清波门外方家峪宝藏院之左，钱氏五王皆有祠焉。前有丰碑，土人俗呼"钱王太庙"。

今日钱王祠，东起南山路中段，西侧滨湖（南侧有钱王祠路，民国辟）。然北宋时期，其前身表忠观却是在龙山稍南的妙因山。熙宁十年（1077），大学士赵抃知杭州，奏请朝廷将废祠妙因院改建，以表钱王之志及朝廷善待钱氏之意。建成后，自绍兴至咸淳，凡4次修葺。表忠观建立次年，苏轼撰《表忠观碑》，并刻石置于表忠观内。后来发生了元祐党争，因苏轼属于旧党，苏碑被毁。

元代，表忠观毁于兵燹。明嘉靖年间，浙直总督胡宗宪重建于灵芝寺址（原吴越西园书斋），更额"钱王祠"。正宇奉钱镠、钱元瓘、钱弘佐、钱弘倧、钱弘俶五像。清康熙四十四年（1705），圣祖御书"保障江山"额。雍正五年（1727）重建钱王祠，翌年立功德坊于祠前湖岸。因石质大跨，气势雄伟，时人称其为功德崇坊。厉鹗有诗赞其"吴越勋名迥莫齐，天书新降武都泥"。乾隆十六年（1751），乾隆帝御书"忠顺遗庥"额，乾隆五十九年（1794），钱镠三十世孙钱泳监修祠宇。1923—1924年重修。1949年后，祠宇一度改建为动物园和聚景园。2002年后开工恢复，至2003年竣工。祠内有庆系堂、御碑亭、揽远堂、婆留井等建筑，祠外南侧有"三评西湖十景"之一"钱祠表忠"石碑。

清人许承祖在游览钱王祠后作《表忠观》云"丹书铁券今何在，渭水消沉几夕晖"。丹书铁券，系唐昭宗为犒赏彭城郡王钱镠平定董昌叛唐称帝事件所赐，券中明言可免钱镠9次死罪，可免其子孙后代3次死罪。钱氏后裔保藏此铁券至宋末，遇到兵乱铁券下落不明。不过苍天有眼，这一珍贵文物后来重新回到浙江嵊县（今嵊州市）钱氏族人手中，今珍藏于中国国家博物馆。

吴越王钱镠，的确是个人物。其平生征战无数，凡英雄做事，常有异于凡人之处。处于五代纷争的乱世，钱镠是难得的"人间清醒"。在各地藩镇割据的大背景下，老上司董昌造反称帝，他不仅不跟随，反而迅速果决地去平叛，支持了当时已为末期的唐朝廷。罗刹石影响航运，唐代刺史必在石上迎潮设祭，并令乐工舞其上以祈求平安吉祥。钱镠则挟射潮之余威，发动军民凿平此石，一举畅通了钱江航道。有方士游说他"填筑西湖以建府治，垂祚当十倍于此（有国百年）"，面对巨大诱惑，他反而设置撩湖兵疏浚西湖，并留下"广治不填湖，留以待真主"的佳话。

各种文治武功，造就了武肃王"一剑霜寒十四州"的功业，使其奄有东南半壁江山。其中，力倡佛教也是钱氏一大举措，且为三代五王所共承。杜牧诗所谓"南朝四百八十寺"虽然是虚指，但吴越时期佛寺的实际数量却远超于此。仅吴越初期，光是杭州一地就有大小寺庙不下 200 所。《五代诗话》云："九厢四壁诸县境中，一王所建，已盈八十八所，合一十四州悉数之，且不能举其目矣。"至后周显德二年（955），汴京的中央政府有诏命令全国寺庙"非敕额者悉废之"，而此时吴越境内的杭州寺院存者仍达创纪录的 480 余所。这是清人吴任臣的说法，今人杜文玉先生统计：吴越之前已经存在 106 所，吴越新建 355 所，合计 461 所，与吴说接近。（需注意：杜说"吴越新建 355 所"，与吴说"至后周显德二年"的统计时间有别）

吴越时期在上城的佛寺（包括之前已建造存续者），有一部分在宋代改额，故此类寺院统一加括号备注改后的寺名。

第一节　城内寺观

南塔寺（梵天寺）

南塔寺今属南星街道馒头山社区。后梁贞明二年（916）年末，钱镠迎今鄞州区阿育王寺释迦舍利塔，于府城建城南塔，寺以塔名，后毁于火。北宋乾德二年（964），钱弘俶重建。治平年间改名梵天寺，苏东坡曾在诗中提到宋代的梵天寺"有月廊数百间，庭前多杨梅、卢桔"。又《寒食与器之游南塔寺寂照堂》诗有："城南钟鼓斗清新，端为投荒洗瘴尘。总是镜空堂上客，谁为寂照镜中人。红英扫地风惊晓，绿叶成阴雨洗春。记取明年作寒食，杏花曾与此翁邻。"

梵天寺经幢，一对两座，高约 15.67 米，为浙江省现存经幢之最高者。幢身八面，镌有建幢记，文末署"乾德三年乙丑岁六月庚子朔十五甲寅日立，天下大元帅吴越国王钱俶建"字样。钱俶即钱弘俶，去掉中间一个"弘"字，乃为避赵宋皇朝之讳。

北刻幢有《大佛顶陀罗尼经》，南幢刻有《大随求即得大自在陀罗尼经》，下为3层束腰基座，底层浮雕"九山八海"，另2层四面雕刻佛像。华盖按腰檐形式制作，今尚存角兽一枚。瓦当与滴水等做法符合宋代法式。顶为日月宝珠。两经幢雕刻刀法娴熟，线条流畅，经文书法精美，"记"后又附确切的建造年代，弥足珍贵。2001年被列为全国重点文物保护单位。

天龙寺（感业寺）

天龙寺在今八卦田西，属南星街道玉皇社区。天龙寺，北宋乾德三年（965）吴越王钱弘俶建，大中祥符元年（1008）改名为感业寺。建炎三年（1129）遭火灾，绍兴十三年（1143）建"圜丘"（祭天之圆坛），以净明院为斋宫，感业寺居从宫，自此僧徒渐散，寺亦倾圮。元延祐年间僧善平重建，规制得复。至至正年间，西湖南北两山诸寺或倾或颓，唯天龙寺独存。天龙寺有造像，今存三龛。东龛为无量寿佛（阿弥陀佛），上龛有造像七，中为弥勒佛，两侧为无著、世亲、菩萨与金刚。西龛为一尊水月观音造像。从三龛造像风格来看，似镌凿于宋初。惜部分已遭损坏。几百年后，昔日为祭天郊坛"让位"的天龙寺在普通老百姓那里已经鲜为人知，而祭天郊坛却以"八卦田"这一俗称为众人所知，成为上城背山临江的一处"网红打卡地"。尤其在秋天作物成熟时节，游人纷至沓来，尽享城市中难得的田园野趣。

白塔寺

白塔寺在钱塘江边白塔岭东。《梦粱录》卷十五载："龙山儿头岭名白塔岭，岭有石塔存焉。"塔建于五代，因纯用白石雕砌，故名。塔高约 10 米，塔形仿木构楼阁式，八面九层。下为基座，镌有山峰、海浪纹饰，象征"九山八海"。其上立有须弥座，束腰上刻有佛经。9 层中每层由塔身、塔檐、平座构成，塔顶设铁刹，中间有壸门，雕铺首、御环、乳钉门，两侧浮雕佛像与菩萨像，其余四面刻经文，间有菩萨像，形象非常逼真。

白塔轮廓挺秀，各部分比例适度，出檐深远，起翘舒缓，现为全国重点文物保护单位。元末钱惟善，相传是钱镠后人，曾作诗《晚雨过白塔》："宋宫传是唐朝寺，白塔崔嵬寝殿前。夏雨染成千树绿，暮岚散作一江烟。苍苔门外铜铺暗，细柳营中画角传。寂寞葫芦宫井畔，野人拾得旧金钿。"白塔寺侧，有白塔桥，当时为水陆交通要道，南宋时，常有商贩在此兜售"地经"（地图）。

资贤寺（上石龙永寿寺）

资贤寺在慈云岭下，后晋天福七年（942）吴越王建。咸淳《临安志》云："旧名资贤，大中祥符元年改今额。"阮元在《两浙金石志》中认为：咸淳《临安志》将"延"字误作"贤"字。上石龙永寿寺，今在百度地图上标为"石龙洞"，在南观音洞东侧，有小路可达。旧时其石壁上刻有宋仁宗《佛牙赞》，附近还有慧光尼寺、地藏尼寺、福全尼院、净胜院，今俱废。

永寿寺修建之前，吴越已经对该地区实行开发。后唐同光二年（924）慈云岭蹬道开通。慈云岭，位于玉皇山东、将台山西南。《梦粱录》卷十一载："慈云岭，西在方家峪，东往郊坛路，有后唐石刻。"造像分两龛。主龛坐东朝西，宽约 10 米，高约 5.8 米，有造像 7 尊。中为阿弥陀佛，身披袈裟，右肩袒露，左侧为观世音菩萨，右侧为大势至菩萨，合称"弥陀三尊"，均结跏趺坐，下为莲座、须弥座，背后均有背光与顶光。"弥陀三尊"两侧为两尊菩萨立像，最外侧为金刚立像，身披铠甲，右手执长柄宝钺，威风凛凛。龛内石壁，镌有"飞天"。飞天外侧为迦陵频伽，人首鸟身，佛经谓之"好声鸟"。龛楣镌七佛，皆结跏趺坐，莲座下祥云袅袅。左侧为文殊菩萨骑狮浮雕像，右为普贤骑象浮雕像。文殊、普贤之下恭立两侍者。

主龛右之小龛坐北朝南，高约 2.6 米，宽约 2.3 米，中为地藏王菩萨像，右腿盘曲，左脚踏莲花，光头大耳，容貌安详。两侧侍立供养人，龛楣镌浮雕"六道轮回"。六道乃佛教用语，指天道、人道、阿修罗道、饿鬼道、畜生道、地狱道。

慈云岭造像为杭州最有代表性的石窟艺术，惜在"文革"期间遭破坏。

惠严院（菩提寺）

今人多知菩提寺路，而该路名缘起之寺，却少为人知。民国《杭州府志》卷三十四载："菩提寺，在北壁里潘阆巷。旧在钱塘门外，宋太平兴国二年钱惟演舍宅为寺。"《说杭州》更加明确地说，起初的菩提寺，是与昭庆寺为邻的。太平兴国是宋太宗的年号，光从其年号就可看出新主的政治抱负。太平兴国二年（977），吴越国即将曲终人散。次年，钱王三月朝京，五月即纳土归宋。菩提寺恰好成为割据王国被中原王朝和平统一的最后见证者。

今之菩提寺路，南北走向，在延安路与孝女路之间，北口隔庆春路与拱墅区地界遥遥相对。此路于1964年改名新声路，1981年复名。改革开放之初，新声路服装市场声名大噪。今附近有龙翔大厦、梅地亚酒店及历史保护建筑思鑫坊，依旧是一派繁荣景象。

报恩院（华藏寺）

报恩院在东里坊（今小营街道华藏寺巷一带），后唐清泰二年（935）由吴越王建。僧人济天岸有《华藏寺》诗云：
"清泰年间古道场，门前池陌几炎凉。破除客梦凭吟草，陪
伴禅心有佛香。宝地月来清耿耿，江城潮落夜镗镗。叮咛
细柳营头鼓，莫放冬冬更点长。"报恩院于中华人民共和国
成立初尚存。1950 年其地有华藏寺巷居民区，后并入葵巷
社区。1980 年建华藏新村，学区有华藏寺巷小学，后并入
大学路小学。

法灯寺（长明寺）

　　法灯寺，北宋开宝四年（971）钱王建，初名法灯。
治平二年（1065）改长明，后改长庆。《西湖游览志》所
谓"石晋天福所建"乃后出之说，厉鹗《东城杂记》中即
未采用。《梦粱录》记载，在仲春十五日花朝节时，该寺有
涅槃会，道场庄严。今其地有长明寺巷，南起清泰街东段，
北至解放路东段。

　　另外，积善坊巷曾有吴越宝觉寺，莲居庵有吴越延寿
院旧址，马坡巷有吴越崇因院，十三湾巷有吴越惠安寺，

以及后唐天成年间所建之金刚寺，恕不一一述及。

钱氏时期及唐代已经兴建的寺观，一处集中于龙山（玉皇山）一带，如《西湖游览志》中提到的天真禅寺、胜相寺、龙华寺、宝惠院、般若院等；另一处则分布在吴山"瑞石、七宝、峨眉、金地"等大大小小的山头上。

释迦院（宝成寺）

释迦院在瑞石山东南麓，米芾"第一山"题刻北侧。初名释迦院，五代吴越国王妃仰氏建。北宋大中祥符年间改额，南宋宝祐五年（1257）赐额宝成寺。大殿贴山壁而筑，进深浅，面阔，横长若带形。岩壁正中有五代圆雕三方佛、石观音、罗汉像等。20世纪80年代重建。相传苏轼知杭时，到宝成寺赏牡丹，作《留别释迦院牡丹呈赵倅》诗："春风小院初来时，壁间惟见使君诗。应问使君何处去？凭花说与春风知。年年岁岁何穷已，花似今年人老矣。去年崔护若重来，前度刘郎在千里。"今寺后有感花岩，刻苏诗及明吴东升"岁寒松柏"题刻。大殿右侧龛内之麻曷葛剌造像，开凿于元至治二年（1322），为全国重点文物保护单位。

瑞隆院在紫阳山南麓白马庙巷内，后唐清泰元年（934）钱元瓘建，初名瑞隆院。北宋英宗时，改名宝严院。万历《钱塘志》载，小山为七宝山之分支，名"石佛"，院因山得名。南宋初慧照重建，改称仁王讲寺，系承继北宋汴京开宝寺仁王院旧名。不过，《两朝纲目备要》载，南宋嘉泰三年（1203）三月丁卯，临安府大火。大火延烧到"万松岭、青平山、仁王寺、石佛庵"等处，可见仁王寺与石佛院并非同一建筑，而是相邻。

清咸丰时寺院毁于兵燹。光绪初，鉴融师太买下该寺，圆寂后由季觉静师太主持寺庙事务。民国时寺院辟为育才小学，1949 年后改称白马庙巷小学。

石佛院造像，亦名仁王讲寺造像，吴越建院之时凿刻。今存三龛五尊，中为西方三圣立像：居中者为阿弥陀佛，高约 6 米；左边为大势至菩萨，高约 4.41 米；右边为观世音菩萨，残高约 3.39 米。三圣两侧有智者大师，高约 5.24 米（也有人认为是延寿大师或者德韶大师）；行修大师，高约 2.62 米，均结跏趺坐于圆形佛龛中。该寺有萨天锡、厉鹗等题诗。钱惟善《次韵李克让过丘以敬仁寿寺读书所》诗云:"先生读书处,庭草似人长。烟郭万家画,风涛六月凉。问奇能载酒,习静自焚香。暂此招提宿,非因事觉王。"

上方多福院（七宝院）

后梁贞明七年（921），钱镠建上方多福院于吴山七宝山骆驼岭西。这一年,后来的钱江县,即仁和县,还没有从钱塘县分置出来。到了北宋大中祥符年间,上方多福院改额"七宝院"。院中有"泼水观音"线刻,位于吴山紫阳庵西南白鹿泉岩壁。该刻像因年代久远,岩壁绿苔丛生,仅遇水后绿苔倒伏时方显真容,故俗称"泼水观音"。此奇景在20世纪60年代遭到人为破坏。2003年予以复制,慕名前来的游人、香客仍乐此不疲地取勺泼水,以观大士尊容。

光明院（光明寿昌院）

光明院，北宋建隆元年（960）由吴越国王钱弘俶所建。大中祥符元年（1008）改额为光明寿昌院，咸淳《临安志》有载。南宋绍兴初，其地改为秘书省。

元至元二十一年（1284），江淮行中书省迁此，改名浙江等处行中书省。明清设布政使司在此，故民国时称旧藩署，中华人民共和国成立后沿用此称呼。

旧藩署又为周边路名，南起高银街，向北折西通延安路南端，折东转北通惠民路。清以来有"百狮池"和桂林里一、二、三、四弄，今皆无存。

金地寺

金地寺在吴山金地山，传为清泰二年（935）钱元瓘所建，大中祥符年间改妙果寺，毁于北宋末。钱元瓘之妃吴汉月去世的第二年，她儿子钱弘俶为寄托孝思，铸造铜像二尊，其一就置于金地寺。

法惠寺

苏诗注引《图经》云："在天井巷，吴越王建，旧额'兴庆'，治平二年，改额。"

宝月寺

宝月寺在宝月山下，钱王建。北宋时有回头和尚造宝月山塔寺。宋神宗时，湖北诗僧、苏轼友人释仲殊居此，著有《宝月集》。

三茅观

吴山道观最著名的是三茅观。杭人知道此观，多因于谦少年在此读书并作《咏桑》《咏煤炭》《石灰吟》的传说。明代吴景奎有诗称"三茅琳馆倚嶙峋，五季枯梅带藓痕"，说明时人普遍相信，吴越时观内曾植有梅花数株。可惜这些五代时期的梅花，在元末战乱中"劫烧忽收香影去"了。此观在南宋绍兴二十年（1150）时，已由宋高宗赐名"宁寿观"，位列御前十大宫观之六，观内曾藏有宋鼎、唐钟和褚遂良手书《阴符经》等7件宝物，小山因此得名"七宝山"。2008年，作为吴山景区三期工程，三茅观景区开始整治恢复。

玄妙观

玄妙观在十五奎巷百法寺附近（今杭州越剧传习院内）。建于唐乾符年间［一说建于天宝二年（743）］，称紫极宫。后梁开平二年（908）改名"真圣观"。到了北宋真宗时易名"天庆观"，南宋理宗赐额。元初改名玄妙观，元末毁。洪武时，道士俞复中重建。相传吴承恩在此寓居，搜集《西游记》的写作素材。至清代，为避康熙（名玄烨）讳，改称元妙观。玄妙观后有石洞，名"青霞"，幽深阴寒，最宜暑天游赏；观内有奇泉，每逢子午时分可汲，其余时辰则干。泉侧刻有钱镠碑文，惜"多缺佚不可读"，世称"蜥蜴碑"。

承天灵应观

承天灵应观始建于北宋乾德三年（965），与钱弘俶建天龙寺造像为同一年。旧址在今天的"吴山大观"影壁处。原名玉虚观，南宋绍兴四年（1134）改冲天观，宋理宗绍定时毁，端平三年（1236）重建，始赐额"承天灵应观"。观中有清晖亭、天开图画阁。淳祐年间增建"玉皇宝阁"。元末毁。明洪武二十三年（1390），道士严一清重建。弘治七年（1494）大修。20世纪60年代改为清波老年茶园，2000年后部分旧址改为壶笑天茶室。

第二节　城东寺院

城东较为出名的吴越寺庙，多为清翟灏《艮山杂志》所记，一部分缺确切年份记载。

清波庵

清波庵在艮山门外，建自钱氏筑塘捍潮时。岁久圮废。明天启年间，僧智专重建，缙绅洪瞻祖、钱受益、黄尧勋共助成之。智专，字无学，与屠粹忠、谢三宾交好。谢三宾称其"喜君诗骨性中新，不拾人间纸上陈"。

观音院（栖禅庵）

观音院在诸葛庙北浅里，近郑家坝。明成化《杭州府志》记载，其为吴越王所建，初名观音院。南宋建炎年间，改额"栖禅"。元至正十二年（1352），"僧时俊作雪洞，移额为栖禅雪洞院"。明代高僧德祥有诗题咏，到了清代，高僧显鹏住锡于此，与友人王德璘、金涵、徐介、毛先舒等倡和。

防风氏庙

防风氏，是上古时期神话传说人物、防风国（一说在今浙江省德清县）的创始人，又称汪芒氏。防风氏为巨人族，有3丈3尺高，生活在夏商之前的尧舜禹时代，据说是伏羲后裔。因其善于治水，夏代已出现对防风氏的祭祀。至吴越国时，钱镠封防风氏为灵德王，于宝正六年（931）重建"风山灵德王庙"，并立《风山灵德王庙记》碑石一方。

防风庙是杭州城东相关治水文化的重要遗存。钟今伟《防风神话研究》述及浙江境内防风庙有6座，其中绍兴、德清各有2处，海宁1处，杭州则唯上城尚可考索。其位置，咸淳《临安志》说："防风氏庙，在廉德乡朱奥村。父老相传，乡民祈求田蚕之所，不知何代所立。"既然宋代的父老已经茫然不知防风庙始建年代，那么它建于吴越乃至更

早时期的概率较大。翟灏在《艮山杂志》中就指出："庙之
古，无逾此矣。"

笕桥街道北，旧有横塘村。如今的横塘村由老横塘、
茶花、朱云4个自然村组成，朱云在笕桥北，或即"朱奥"，
其地有一座长佛寺，可能就是南宋防风庙的遗存。明万历
前，因长佛寺庙小，当地人在镇南端建一新庙，所以民间
流传"轧煞长神庙，冻煞南新庙，吓煞磁石庙"一说，这
南新庙是长佛寺的延续。笕桥一带有3座祭祀长菩萨的庙
宇，长菩萨即指防风氏。

乾隆年间，横塘庙桥西（原横塘村一组78号樊庆贤
住处）有一座防风庙，或为匏风古社。1938年，匏风古社
被侵华日军一把火烧尽，近年始得恢复。

涌泉寺（永庆寺，俗称龙居寺）

涌泉寺，后唐清泰二年（935）吴越王钱元瓘建，今
属丁桥街道。传说在建庙破土时，有泉涌出，故最初寺名
为"涌泉院"。宋建炎年间重建，赐名永庆寺。南宋末，元
军驻皋亭山时，寺被毁。明万历二十三年（1595），有僧

人联合僧俗信众买地重建。传因宋高宗南渡曾宿本寺，又取龙象潜居之意，遂改名"龙居寺"。民间也有写作龙驹寺者，音同而已。有文章言龙居寺建于贞观十九年（645），那实际上是另外一座寺庙，宋时改称"龙居上乘院"，其"龙居"，与南海小龙王助唐太宗征高丽的传说有关。

众请莲池法师大弟子闻谷广印禅师为住持，并建禅堂以供僧众参禅，造佛殿以结侣念佛。自此禅净双修，宗风远振。此后，明代朱国桢、李流芳，清代厉鹗、超源、明翘、朱彭、俞樾、张应昌、释静诺、孙琼等皆有诗作传世，此不赘述。

新规划的龙居寺占地面积约211亩，是目前杭州占地面积最大的寺院之一，全寺共分4个区域，分别是礼佛场所区、四众安养区、禅修体验区和文化展示区，总建筑面积共75816平方米。

资福利济院（福济院）

福济院在廉德乡之横塘，即今日笕桥街道横塘一带，故俗称横塘庙。明代高僧释德祥和清代乡贤翟灏分别有关于该寺的诗。

福济院为钱氏时朱可荣舍地而建，初名"资福利济"。洪瞻祖《福济寺重建无量寿佛阁弥勒天王殿记略》讲到其创建的年代为"石晋"，即石敬瑭创立的后晋，对应公元年代是936—947年。北宋治平二年（1065），改今额。理宗皇帝御书"无量寿佛之阁"。所以洪瞻祖称"盛于赵宋，盖东乡一巨刹"。

福济院别称"十三楼子"，现址西南面有一报本塘，"十三楼子"就建在报本塘边。"十三楼子"的四周遍植桫椤，所以又称"桫椤园"。西湖边有著名的十三间楼石佛院，查咸淳《临安志》，可知其恰好建于后晋天福七年（942），联系福济院别名，或谓其为西湖石佛院的下院？

福济院后，旧有"忠鲠祠"，为祭祀明嘉靖年间兵部尚书胡世宁所建，祠堂边小河因名祠堂港。

众善院（蝙蝠寺）

蝙蝠寺，一名徧福寺，在城北皋亭山赤岸，后晋天福七年（942）创建，原名众善院。后晋天福七年是吴越国兴建佛寺的一个高潮，当年尚有资贤寺、崇新院、崇善院、众善寺、佛日院、广济寺、十三间楼石佛院、清化永安院等寺院创建。其中，临平的佛日院与众善院相距甚近，访者常一并游览。宋时附近有蝙福寺桥，见咸淳《临安志·桥道》"运河沿流塘岸"条。

北宋治平二年（1065）改遍福寺，大约因"众善"与"遍福"意义接近，久之讹为"蝙蝠""徧福"。南宋庆元初重建，赵廱为之作记。赵廱，号竹潭，太原人，绍兴年间进士，曾任肇庆知府、处州太守等。《宋史》有"遣赵廱等贺金主生辰"的记录，看来其到过蝙蝠寺及附近的班荆馆。

旧时景观有润玉亭、丁兰井、众善桥、放生池。

至民国时，地图中仅标注东侧紧邻的二郎庙。据当地人回忆，1958年寺院由杭州牛奶公司饲料加工厂拆建为晒谷场、办公室、医务室等。

（附）沿山村

厉鹗《暮投遍福寺宿楚木禅师方丈》诗中写："西峰日落东峰昏，游人迤逦沿山村。"此处沿山村，可能是今日之沿山。诗中又说"千年废殿作蔬圃，把茅盖顶三间存"，其历史久远可想而知。

众善寺（崇善寺）

众善寺于后晋天福七年（942）创建，名称与上述众善院（蝙蝠寺）近似，然实为二寺。《临平记补遗》除了讲"僧处齐居赤岸众善寺"外，还特地强调该寺"或处齐募建，或建之以居处齐，均未可知。今补录处齐之居于是，以存其僧"。

崇寿院（因果院）

据咸淳《临安志》，后晋开运二年（945），吴越国在灵峰建造灵鹫禅院的同年创建本寺。寺院旧名崇寿院，大中祥符元年（1008），改今额。

《艮山杂志》载："因果寺在艮山门外，元末兵毁。明洪武初重建，寻并崇福寺。万历壬子，僧月明玺重建。"又载："宋有义澄明慧大师，于此阐佛因缘，请额'因果'。

明万历间，桐城吴用先兴起宗教，清梵志、修名刹，而因果得以重新。主山僧明玺、道力，克荷吴公，更题其结跌处曰'深静禅林'。丙辰七月，武林崔嘉为撰记文刻石。今不全录，右其大略也。里人但以僧字，称月居庵。今讹六居庵。南抵真觉院半里，东抵金狮子弄一里。"

《笕桥地区古地名资料摘编》提道："六居庵，位于顾家畈西南 0.4 公里……里人以僧字称月居庵，今讹为六居庵。村以庵得名。"顾家畈今建三里亭苑，其一区有天杭实验学校，月居庵遗址在该校操场中间位置。

邢志伟在《尧典桥六居庵现在还在吗》中描述，六居庵建造精细，进门一座大戏台，两边厢房数十间，足可开办一个初小，学校前面有 4 棵大樟树，大约 70 年前的尧典桥小学，是借六居庵做校舍的。

护国仁王院（崇福寺）

崇福寺的始建年代，咸淳《临安志》卷八十一的说法是，"崇福院，在艮山门外。元系宝寿院，祥符元年改赐今额"。又"开运三年，郡人以地易仁王院菜园，建护国仁王院，后改宝寿"。

崇福寺在明洪武年间，归并因果院、殊胜院、长寿院，成为城东一大丛林。万历年间复建，崇祯年间扩建。到了清代，通过吴颖芳的祖、父两代努力，寺院复振雄风。嘉庆六年（1801），城东文人朱文藻《崇福寺志》记其盛况。至清末辛亥年，寺内曾驻新军八十一标。民国时，崇福寺开办军事学校，叫防空学校。中华人民共和国成立后，空军某部在此驻扎，将此地改建为空军 117 医院，后为解放军联勤保障部队第九〇三医院机场路院区。

崇福寺（宝积院）

清代临江乡乡贤吴颖芳在《重建崇福寺碑记》中称，《仁和县志》载崇福寺建于后晋天福年间，然而，翟灏《艮山杂志》转引时认为吴颖芳可能是记忆有误，因《仁和县志》中未有此记载。实际上，咸淳《临安志》中确载一座崇福寺，只不过后来改名为宝积院了。

咸淳《临安志》卷八十一提到，"宝积院，天福七年施光庆舍宅而建，旧名崇福，后改今额。绍兴十五年，以其地为驼坊象院,徒今处。"此寺,明《武林梵志》记为唐贞观年间施光庆舍宅建,后改名实际院,元季毁。清厉鹗《东城杂记》"灵芝寺"条考证认为:"实际院"当为"宝积院"之误。

此崇福寺（实际应称宝积院），又和涌金门外钱王故苑"灵芝寺"合并移建至城东,称"灵芝崇福律寺"。具体位置,厉鹗认为在清泰门内稍南,俗呼蜡烛庵。翟灏的《艮山杂志》及朱文藻的《崇福寺志》则提到庆春门外难消埠有崇福院。"清泰门内稍南"和"庆春门外"显然不是一处,究竟"难消埠"之说是民间误传而为县志所采信,还是其地实有重名之寺,迄今尚无定论。

翠峰院（宝界院）

原址在漾沙坑,即今吴山脚下,名翠峰院。后汉乾祐二年（949）,吴越王钱氏建此寺。这一年,钱氏还兴建了惠德塔院、报国看经院,三者都在西湖周边。北宋治平年间改赐宝界院,后废,约在南宋时徙于艮山门外仁和尉司之侧。此寺在嘉靖《仁和县志》中有载,但说法有较大的差异。一是认为原址在"武林门内",二是说移建到了槎渡村。移建位置,似乎对应了吴颖芳《辨利讲院志序》中"白石、宝界、崇善等遥列其(按,指辨利院)东"之说。

看经院(宋仍旧名)

据咸淳《临安志》卷八十一,"看经院,在范浦镇河下,显德四年(957)钱氏建"。院前有看经桥。此寺比慧日永明院(净慈寺)晚3年兴建,而与长生院、栖真院同期建造。

最胜寺(殊胜寺)

最胜寺在艮山门外3里,北宋建隆元年(960)吴越王建。原称最胜寺,治平二年(1065),改系今额。清初《殊胜寺录》则称之为瑞竹庵,在今平江沙地一带。后晋天福四年(939),即钱王在上天竺建看经院的同一年,该寺移至五里塘东。元初,有圆明通应禅师,岁饥施粥,日活千人,元世祖赐号。元末寺毁于兵,明洪武十五年(1382),

由僧大乘重建中兴。至清顺治十六年（1659），寺院失火，此后即渐渐失载。雍正、乾隆年间，梁启心尚有《过殊胜废寺》诗记之。

延寿院（宋仍旧名）

延寿院，即延寿白石寺，俗呼白石庙（寺），在艮山门外临江乡白石村。咸淳《临安志》卷八十一称其建于建隆二年（961）。此前一年，赵匡胤发动陈桥兵变，黄袍加身，是为宋太祖。钱王为避讳，去掉名字中的"弘"字。而东晋古刹灵隐寺，也刚刚重新修建。

（附）白石寺

白石寺当系因筑于白石地界而得名。今之白石，离笕桥中心约 2.5 公里，在街道的东南角，隔壁即彭埠街道。宋时则为笕桥、彭埠一带的泛称。白石在南宋时曾是军队驻扎操练的地方。宋王象之《舆地纪胜·教场》有记载："（南宋）隆兴二年五月，孝宗将阅武于近郊，既涓日矣，会

上城地名拾萃

雨作而止。乾道二年十一月，始幸白石教场，上登台，亲御甲胄，指授方略，命殿前、马、步三司合教为三阵，戈甲耀日，旌旗蔽野，师众欢呼。坐作击刺，无不中节，上大悦。"

宋代，附近有白石浦，后为江潮所吞没。明永乐十一年（1413）夏五月，"江潮平地高寻丈，仁和十九都二十都陷于海，汤村诸浦无迹"。嘉靖时人观察到"今已陷于海，沙虽涨，而浦无迹矣"。

由于江、河变迁，白石寺的位置，到了明晚期有些书已经交代不清楚了。《武林梵志》记载："延寿白石寺，在庆春门外。宋建隆二年，建于艮山白石村。元至正间毁。洪武三年，重建。二十四年，立为丛林；永乐十二年移建今所。"清赵世安编纂的康熙《仁和县志》予以纠正："寺旧在庆春门外白石村……永乐十二年，潮坏其址，移建艮山门外。沈朝宣志谓自艮山迁至庆春者误。"

《民国杭州寺庙汇总表》载："白石庙，地址：严家弄。住持：马荣录。"当时登记较为混乱，"严家弄"，现为彭埠地名，与白石庙相距较远。白石寺旁旧有药王庙，在原来白石村村委会的位置上，中华人民共和国成立前其香火不亚于白石寺，20 世纪 50 年代初被毁。

寺庙于 1992 年重造，楼上楼下共有 70 多间房子。

外水陆寺

水陆寺的地名说法有 4 处：其一在拱墅区水陆寺巷附近，俗称下水陆寺；其二在上城区上水陆寺巷附近，称上水陆寺；其三在上城区华家池北，称外水陆寺；其四在汤镇，即今临平区乔司。

北宋熙宁五年（1072），身为杭州通判的苏东坡督开自杭州城东至汤村的运盐河，有《是日宿水陆寺寄北山清顺僧》（二首）。其二诗云："长嫌钟鼓聒湖山，此境萧条却自然。乞食绕村真为饱，无言对客本非禅。披榛觅路冲泥入，洗足关门听雨眠。遥想后身穷贾岛，夜寒应耸作诗肩。"

水陆寺址在乔司，出典即在此处。而外水陆寺，或与汤镇水陆寺有前后承续关系。

外水陆寺，创于建隆二年（961）。其时尚在钱氏实际统治之下。其位置，北宋文献缺载；南宋淳祐《临安志》载为城东，并透露其与江家桥大约相距 1 里的信息；《英卫阁记》称抗潮时寺前筑堤；咸淳《临安志》仅云东坡宿此、淳熙重建，未述其方位；《梦粱录》讲到沙河角头水陆寺侧有"韦家、广度"二桥。

明代《成化府志》记寺院旧址在汤镇，经移址海盐后"复迁华家池北"，嘉靖《仁和县志》较早提出因茶槽界建寺的说法。《西湖游览志》《武林梵志》提到寺内有银杏两棵。清郑梁诗中称寺在太平门外，有银杏、松塘、古井等。厉鹗诗载寺内有"劫外疏花"（当即银杏）。吴颖芳记其方位在辨利院南。翟振言其地临近家乡周家桥盐仓基。郑、厉、翟均提及寺中有绍兴年间石幢，郑还称寺址在松塘里。今人吴玉卫先生认为寺当在原浙江农业大学（已并为今浙江大学）校园里面。

上城区地名主题手绘图

① 德寿宫	⑪ 樟亭驿	㉑ 大井巷
② 八卦田	⑫ 秋涛宫	㉒ 涌金池
③ 万松岭	⑬ 水湘	㉓ 铁冶岭
④ 五柳巷	⑭ 断塘头	㉔ 候潮门
⑤ 龙翔桥	⑮ 新塘	㉕ 吴汉月墓
⑥ 三条枪	⑯ 五堡	㉖ 梵天寺
⑦ 石陡门	⑰ 七堡	㉗ 白塔
⑧ 笕桥	⑱ 备塘路	㉘ 落马营
⑨ 赤岸	⑲ 宣家埠	㉙ 龙居寺
⑩ 明月桥	⑳ 诏息湖	㉚ 白石寺